FACULTÉ DE DROIT DE PARIS

DROIT ROMAIN

DES AVARIES COMMUNES

DROIT FRANÇAIS

DU

SAUVETAGE & DE L'ASSISTANCE MARITIME

ÉTUDE DE DROIT COMPARÉ

THÈSE POUR LE DOCTORAT

PAR

Paul TRONCHE-MACAIRE

JUGE SUPPLÉANT AU TRIBUNAL CIVIL D'ORANGE

PARIS

LIBRAIRIE NOUVELLE DE DROIT & DE JURISPRUDENCE

ARTHUR ROUSSEAU, ÉDITEUR

14, RUE SOUFFLOT ET RUE TOULLIER, 13

1892

THÈSE

POUR LE DOCTORAT 609

FACULTÉ DE DROIT DE PARIS

DROIT ROMAIN

DES AVARIES COMMUNES

DROIT FRANÇAIS

DU

SAUVETAGE & DE L'ASSISTANCE MARITIME

ÉTUDE DE DROIT COMPARÉ

THÈSE POUR LE DOCTORAT

L'ACTE PUBLIC SUR LES MATIÈRES CI-APRÈS

Sera soutenu le lundi 19 Décembre 1892, à 1 heure.

PAR

PAUL TRONCHE-MACAIRE

JUGE SUPPLÉANT AU TRIBUNAL CIVIL D'ORANGE

Président : M. LYON-CAEN.

Suffragants : { MM. RENAULT, *professeur.*
GIRARD,
SAUZET, } *agrégés.*

PARIS

LIBRAIRIE NOUVELLE DE DROIT & DE JURISPRUDENCE

ARTHUR ROUSSEAU, ÉDITEUR

14, RUE SOUFFLOT ET RUE TOULLIER, 13

1892

A LA MÉMOIRE VÉNÉRÉE DE MON PÈRE

A MA MÈRE

A MES FRÈRES

DROIT ROMAIN

DES

AVARIES COMMUNES

INTRODUCTION

Il n'y avait pas dans la langue du droit romain de mot
correspondant au mot *avarie*. Quand les textes parlent d'une avarie commune, ils emploient la périphrase
« *quod pro omnibus datum est* ». « *Lege Rhodia cavetur, ut si levandæ navis gratiâ jactus mercium factus
est, omnium contributione sarciatur, quod pro omnibus
datum est* » (l. 1, D. XIV, 2).

On a donné bien des étymologies de ce mot. Glück le
fait dériver de *Hafen* port ou de *haben* avoir. Boxhorn
sur Vinnius lui trouve une origine arabe. Van Weytsen
pense qu'il vient du grec βάρος, poids, d'ou ἀβαρής sans
poids, parce que le navire qui a jeté à la mer une partie
de son chargement dans l'intérêt commun est plus ou
moins allégé par ce jet (1). Il est plus probable que ce
terme dérive du latin *habere*, avoir, devenu *haver*, *aver*,

---

(1) Govare, *Traité des avaries communes*, p. 2.

avere dans le langage des nations maritimes de la Méditerranée. Aver signifiait alors chargement. Vers les XIIe et XIIIe siècles, il était admis (1) que les frais de sortie du port où le navire avait pris charge ainsi que les frais d'entrée au port de destination, devaient être payés par les chargeurs. L'état de ces frais donnait lieu à la tenue d'un compte appelé compte des avers ou de l'averie parce qu'il devait être réparti proportionnellement à l'aver de chacun des propriétaires de marchandises. Cette expression devînt presque synonyme de contribution ou de répartition à opérer entre les chargeurs. Plus tard, quand un danger imprévu venait à menacer le navire et la cargaison, le capitaine proposait aux chargeurs qui accompagnaient presque toujours leurs marchandises de faire un sacrifice qui serait supporté en commun par les propriétaires du navire et des marchandises (2). Si les chargeurs consentaient, la part dont chacun était tenu dans la contribution était portée au compte des averies (3). Les conventions de ce genre se prouvaient par le registre de l'écrivain chargé de tenir ce compte, ou s'il n'avait pu écrire, il suffisait qu'il déclarât avoir en-

---

(1) Jugements d'Oléron, art. 13 ; Pardessus, t. 1, p. 332, *Lois Maritimes antérieures au XVIIIe siècle.*

(2) Frémery, *Études de droit commercial*, p. 19 et s.

(3 ;Consulat de la Mer, ch. CL, Pardessus, *loc. cit.*, t. 1, p. 166 : « Si un navire est forcé d'échouer à terre par mauvais temps ou par quelqu'autre cause, le patron doit dire et déclarer en ce moment aux marchands en présence de l'écrivain : « Messieurs, nous ne pouvons éviter d'échouer à terre, et mon avis serait que le navire répondit des marchandises, et celles-ci du navire ». Si les marchands ou la majorité d'entre eux y consentent et que le navire échoue, se brise ou souffre quelque dommage, ce navire doit être évalué au prix qu'il valait avant l'échouement et cette estimation doit être faite entre les marchands auxquels appartiendront les marchandises sauvées et le patron ».

tendu. Plus tard encore, aucune convention ne fut nécessaire, les sacrifices ou les dépenses extraordinaires firent l'objet d'un règlement d'avaries, dès qu'ils avaient été faits volontairement par le capitaine dans l'intérêt commun et qu'un résultat utile avait été obtenu. Remarquons, qu'à l'origine, les marchandises *avériées* sont les marchandises sauvées, parce qu'étant soumises à la contribution, elles sont dépréciées, elles n'ont plus la même valeur. Par extension, on considéra comme avariées les marchandises détériorées par l'eau de mer ou dépréciées par une cause autre que la contribution.

Le titre 2 du livre XIV au Digeste *De lege rhodia de jactu* montre que les Romains avaient emprunté aux lois rhodiennes la théorie du jet, c'est-à-dire des avaries communes, car le jet est considéré comme le type des avaries communes. La question de savoir quelle est la date exacte de l'introduction du droit maritime des Rhodiens à Rome est très controversée. Il est toutefois un point certain, c'est que les lois rhodiennes étaient appliquées à Rome sous Auguste, c'est-à-dire 29 ans avant l'ère chrétienne, puisque Octave ne reçut le titre d'empereur et d'Auguste qu'à cette époque. Cela est prouvé par le fragment de Volucius Maecianus rapporté à notre titre (l. 9, D. XIV, 2) : « *Deprecatio Eudæmonis ad Antoninum imperatorem : Domine imperator Antonine, naufragium in Italia* (1) *facientes, direpti sumus a publicanis*

---

(1) Pothier (*Pandectes h. t.*) approuve ici une petite modification que l'on a fait subir au texte de la Vulgate. Comme il est assez difficile de comprendre qu'à la suite d'un naufrage sur les côtes d'Italie, on soit jeté sur l'une des Cyclades, on propose de lire « Icaria » au lieu d' « Italia ».

Cyclades insulas habitantibus ». *Respondit Antoninus* (1)
Eudæmoni : « *Ego quidem mundi dominus, lex autem
navis. Lege in Rhodia quæ de rebus nauticis præscripta
est, judicetur, quatenus nulla nostrorum legum adversa-
tur.* **Hoc idem Divus quoque Augustus judicavit** ». De ce
que les lois rhodiennes étaient appliquées sous Auguste,
faut-il en conclure qu'elles aient été introduites à Rome
par ce prince? Je ne le crois pas. Tout notre titre contient en effet, des réponses faites d'après la loi Rhodia
par Servius, Ofilius, Labéon, Sabinus, Alfenus (liv. XIV,
tit. 2), tous contemporains de Cicéron lequel ne vit pas
l'empire (2). Heineccius (3) en conclut avec raison que
les lois rhodiennes furent adoptées par les Romains bien
avant le règne d'Auguste. C'est aussi l'opinion de Pardessus et de M. de Haubold dans ses Tables chronologi-
ques du droit romain. Certains auteurs ne partagent pas
cet avis. D'après le marquis de Pastoret (4), l'adoption
par les Romains du droit maritime des Rhodiens est
postérieure au règne d'Auguste et remonte seulement au
règne de Claude (41 à 54 de J.-C.). Cette doctrine ne réfute aucun des arguments que nous venons de donner ;
elle ne les mentionne même pas. Voici du reste, comment s'exprime M. de Pastoret : « Quelque certaine que
soit l'époque de l'introduction des lois Rhodiennes à
Rome, je n'ignore point qu'elle a trouvé des contradic-
teurs. Les uns ont pensé qu'elles étaient reçues par les
Romains dans le temps de Cicéron. Ils se fondent sur un

(1) Antonin régna de 138 à 161 après J.-C.
(2) Pardessus, *loc. cit.*, t. 1, p. 60.
(3) Heineccius, *Hist. du Dr. civ.*, liv. 1, ch. IV, § 297.
(4) Pastoret, *Dissert. sur l'influence des lois rhodiennes*, p. 116 et s.

passage de cet orateur dans lequel il s'exprime ainsi :
« *Rhodiorum, usque ad nostram memoriam, disciplinæ
navalis gloria remansit.* » (*Oratio, pro lege Manilia*, t. 2,
p. 106). Je ne vois dans cette phrase qu'un hommage
rendu à la discipline navale de ces insulaires. L'opinion des autres est encore moins vraisemblable ; elle
n'est même fondée que sur une erreur grossière. A les
entendre, c'est à Tibère qu'il faut attribuer la gloire de
cette adoption : mais quelles sont donc les preuves de ce
système? Il est détruit par celles mêmes dont on se sert
pour l'établir. La fausseté respire dans l'édit qu'on suppose être l'ouvrage de ce prince ; et les consuls qu'on
prétend avoir mis en ordre les lois nouvellement rassem-
blées, Antonin, Laurus, Agrippin, n'existaient point
sous cet empereur. Oserai-je placer ici mon opinion? Je
crois découvrir la cause d'une erreur aussi grave dans la
conformité du prénom de Claude et de Tibère. Celui-ci
s'appelait Tiberius Nero et celui-là Tiberius Claudius.
Quoi qu'il en soit, je pense avec Gravina (*de legibus et
senatusconsultis*, p. 472) et plusieurs savants aussi dis-
tingués que lui qu'on doit fixer au règne de Claude l'é-
poque à laquelle on adopta la jurisprudence navale des
Rhodiens ».

On s'est demandé si les Romains s'étaient bornés à
adopter la législation rhodienne sur la seule matière du
jet. Les partisans de l'affirmative estiment que si l'em-
prunt avait été plus considérable, les rédacteurs du Digeste l'auraient fait connaître. On peut répondre que le
titre *De lege rhodia de jactu* contient des matières qui
n'ont aucun rapport avec le jet. La loi 9 h. t. que nous

avons citée traite une question de naufrage et même de
droit public ; la loi 10 est relative aux droits et obligations du patron qui a pris l'engagement de transporter
des marchandises. Il est infiniment probable que les
autres parties du droit maritime rapportées au Digeste,
notamment les règles concernant le contrat d'affrétement (liv. XIV, tit. 1), la théorie du *nauticum fœnus*, etc.
viennent des lois rhodiennes. Les Romains n'eurent qu'à
approprier ces principes aux formes de leur jurisprudence (1).

Voici quel sera le plan de cette étude. Dans un chapitre premier, nous rechercherons quel était à Rome le
fondement de la théorie des avaries; dans le chapitre II,
nous déterminerons les caractères distinctifs des avaries communes en droit romain. Le chapitre III sera
consacré à l'étude des principales avaries communes
énumérées à notre titre au Digeste. Enfin, dans les deux
derniers chapitres, nous exposerons les règles de la
contribution et les actions mises à la disposition des
intéressés pour arriver à un règlement d'avaries.

(1) Conf. Pardessus, *loc. cit.*, t. 1, p. 62.

CHAPITRE PREMIER

FONDEMENT DE LA THÉORIE DES AVARIES COMMUNES.

En droit français, l'obligation de contribuer aux avaries communes est fondée sur ce principe d'équité : nul
ne doit s'enrichir au détriment d'autrui ; c'est donc une
obligation quasi-contractuelle (1). En droit romain au
contraire, la théorie de la contribution a pour fondement
une obligation contractuelle ; elle dérive du contrat d'affrétement. C'est ce que l'on peut induire avec certitude
de la loi 2, pr. au Digeste, livre XIV, titre 2 : « *Si labo-*
rante nave, jactus factus est, amissarum mercium domini,
si merces vehendas locaverant, ex locato cum magistro na-
vis agere debent : is deinde cum reliquis, quorum merces
salvæ sunt, ex conducto, ut detrimentum pro portione com-
municetur, agere potest ». Il en résultait un incommode
circuit d'actions. En effet, l'affréteur qui voulait faire
contribuer les autres intéressés devait agir contre le capitaine avec lequel il avait contracté, sauf le recours de
celui-ci contre les autres affréteurs ; mais il ne pouvait
agir directement contre ces derniers, car il n'existait en-

---

(1) On a aussi soutenu que dans notre droit moderne, la théorie de la
contribution était spéciale au droit maritime et avait été consacrée par la
loi en vue de favoriser le commerce de mer. Grâce à la contribution, dit-
on, le capitaine n'aura pas d'intérêt à faire tomber le sacrifice sur les marchandises plutôt que sur le navire. Cette opinion doit être repoussée (V.
MM. Lyon-Caen et Renault, *Précis de dr. com.*, t. 2, p. 232).

tre eux aucun rapport de droit, aucun lien d'obligation.
Malgré la précision de ce texte, certains auteurs accordent une action directe aux chargeurs les uns contre les
autres. Pagentescher (1) donne même à l'action de ces
chargeurs le nom de *condictio ex lege Rhodia*. Pardessus (2) partage cette opinion en se fondant sur la loi 2
de Paul h. t. *At, si... totam navem conduxerit (magister)
ex conducto aget*, sicut *vectores qui loca in nave conduxerunt* ». L'emploi du mot *sicut* dans le texte semble prouver, dit-il, que les chargeurs ont une action directe les
uns contre les autres. C'était aussi l'avis d'Accurse que
Cujas n'a guère ménagé en repoussant sa doctrine.
« *Inepte Accursius*, dit Cujas, *qui et cætera omnia legis
non intellexit, dat dominis jactarum mercium adversus
reliquos actionem negotiorum gestorum* ».

Il existe au Digeste un autre texte aussi formel que la
loi 2, pr. XIV, 2, en faveur de la doctrine qui repousse
l'action directe des chargeurs entre eux, c'est la loi 14,
pr. XIX, 5 *præscriptis verbis* : « *Qui servandarum mercium suarum causâ, alienas merces in mare projicit, nullâ
tenetur actione. Sed, si sine causâ id fecisset, in factum* ;
si dolo, de dolo tenetur ». Le chargeur qui jette à la mer
les marchandises d'autrui est *à l'abri de toute action de
la part des propriétaires lésés*, excepté en cas de dol ou de
faute. Donc, quand le jet constitue une avarie commune
le propriétaire dont les marchandises ont été jetées n'a
pas d'action directe contre son co-chargeur.

Quoique la théorie de la contribution ait pour fonde-

---

(1) Pagentescher, *Admon. ad Digesta*, part. II, § 48.
(2) Pardessus, *loc. cit.*, t. 1, p. 105, note 6.

ment en droit romain le contrat d'affrétement, elle n'en
est pas moins une émanation du droit naturel, une loi
de justice et d'équité. Nous tirerons de ce principe une
importante conséquence, c'est qu'en dehors de tout texte
de loi, on pourra étendre les cas d'avaries communes à
des espèces non prévues, non seulement en matière maritime, mais même s'il s'agit de transports terrestres,
pourvu toutefois, qu'il y ait un contrat qui puisse prêter
aux parties le secours de ses actions. Tout le monde est
d'accord sur cette extension en matière maritime. D'ailleurs, les diverses avaries communes énumérées à notre
titre ne sont que l'extension par analogie, faite par les
jurisconsultes romains, du jet, inscrit comme type de
l'avarie grosse en tête du livre XIV, tit. 2. C'est Callistrate qui décide (l. 4, h. t.) que si des marchandises ont
été chargées sur des allèges dans l'intérêt commun et
qu'elles aient péri, il y aura lieu à contribution, comme
s'il y avait eu jet : *proinde tanquam si jactura facta
est.* C'est Papinien (l. 3, h. t.) qui bonifie en avarie
grosse le sacrifice d'un mât ou d'un autre accessoire du
navire pour échapper à la tempête, etc... Les cas les plus
fréquents d'avaries communes ont été exposés par les
jurisconsultes et reproduits au Digeste. Rien ne prouve
que cette énumération soit limitative. Il y a au contraire
de bonnes raisons pour l'étendre à des cas non prévus,
car la théorie de la contribution repose aussi sur l'équité
même en droit romain. On n'en peut douter après ce
passage de Paul : « *Æquissimum enim est commune detrimentum fieri eorum qui, propter amissas res aliorum,
consecuti sunt ut merces suas salvas haberent* » (l. 2, pr.

XIV, 2) (1). Toutefois, deux conditions sont requises ;
il faut 1° que les caractères distinctifs de l'avarie commune exigés par la loi Rhodia soient réunis ; 2° qu'il y
ait un contrat d'affrétement ou de transport, car la contribution a surtout pour fondement en droit romain une
obligation contractuelle. Ainsi, on devrait bonifier en
avarie grosse l'échouement volontaire fait par le capitaine dans l'intérêt commun, ou même les frais de renflouement à la suite d'un échouement fortuit. Les dommages causés au navire ou aux marchandises à la suite
d'une lutte entreprise par le capitaine contre des enne-
mis ou des pirates sont également des avaries grosses.
On a dit qu'il y avait là des avaries particulières, car la
résolution de se défendre aurait pu n'entraîner aucun
dommage et que le hasard seul fait que le feu de l'ennemi
endommage telles ou telles marchandises. Ce raisonnement n'est pas juste. C'est la résolution prise dans l'intérêt commun qui est la cause du dommage arrivé au
navire ou à la cargaison.

Supposons maintenant un contrat de transport terres-
tre. Un incendie se déclare. Les détériorations causées
par l'eau aux marchandises atteintes par le feu ne sont
que les conséquences d'une avarie particulière ; mais
celles qui ont été causées aux autres marchandises sont
des avaries communes ; elles proviennent d'une mesure
prise dans l'intérêt du salut commun et doivent même
en droit romain, croyons-nous, être bonifiées en avarie
grosse.

(1) V. aussi, l. 5, pr. h. t.

CHAPITRE II

Les caractères distinctifs des avaries communes sont plus ou moins nombreux suivant l'exigence des législations. Il y a cependant trois conditions essentielles qui sont généralement requises pour l'existence même de l'avarie commune. Il faut : 1° qu'il y ait un sacrifice volontaire du capitaine ; 2° que ce sacrifice soit fait dans l'intérêt commun du navire et de la cargaison ; 3° qu'un résultat utile soit obtenu. Dans certains pays, ces trois caractères sont nécessaires mais suffisants pour donner naissance à l'avarie commune ; dans certains autres, ils sont aussi nécessaires, mais ne sont pas suffisants pour la bonification en avarie grosse du sacrifice. Nous allons montrer que ces trois caractères existaient en droit romain, et nous rechercherons si d'autres conditions n'étaient pas exigées pour donner lieu à la contribution.

Sacrifice volontaire fait par le capitaine. — L'acte de volonté du capitaine est la condition fondamentale de l'avarie commune. Il en résulte que si des marchandises sont emportées par la mer, si les mâts sont rompus par la violence du vent, il n'y a pas d'avarie commune. La règle *res perit domino* est applicable. C'est ce que décide la loi 2, § 1, h. t. : *Si conservatis mercibus deterori facta sit navis, aut si quid exarmaverit, nulla facienda est collatio, quia dissimilis* (1) *earum rerum causa sit, quæ navis gratia parentur, et earum pro quibus mercedem aliquis acceperit: nam et si faber incudem aut malleum fregerit, non imputaretur ei qui locaverit opus.* Le jurisconsulte Paul décide dans ce texte que les dommages causés au navire par pure fortune de mer ne constituent pas une avarie commune. Aucun sacrifice volontaire n'ayant été fait par le capitaine, la perte des agrès doit demeurer à sa charge ; l'outil brisé par l'ouvrier n'a jamais été mis au compte de celui qui a donné l'ouvrage à faire. De même encore lorsqu'un navire est jeté à la côte ou fait naufrage, *quod quisque ex ea suum servasset, sibi servare respondit, tanquam ex incendio* (Paul, l. 7, h. t.) ; les marchandises sauvées n'entrent point en contribution. Pourquoi ? Parce que la perte du navire est fortuite ; le capitaine n'a pas volontairement fait échouer son navire dans l'intention de sauver au moins les marchandises (2).

Pour qu'il y ait avarie commune, le sacrifice doit être *volontaire.* Cela résulte de la loi 1, h. t. *quod pro omnibus datum est* et aussi de la loi 3 h. t. de Papinien. *Quum arbor aut aliud navis instrumentum, removendi communis periculi causa, dejectum est, contributio debetur.* La loi 2, § 1 *in fine* dit formellement :.... *si voluntate vectorum, vel propter aliquem metum id detrimentum factum sit, hoc ipsum sarciri oportet.* Mais ce dernier texte n'implique

---

(1) Cujas propose avec raison de substituer *similis* à *dissimilis* ou de placer une négative avant ce dernier mot. On peut cependant se passer de cette modification en traduisant *dissimilis* par « sous prétexte qu'il n'est point de ce cas ».... comme le fait Pardessus.

(2) V. aussi Hermogénien, l. 5, pr. h. t.

t-il pas que le sacrifice dépend d'un acte de volonté des chargeurs *voluntate vectorum*? Je ne le crois pas. Le capitaine est maître à son bord, et s'il s'oppose au jet, il ne pourra être opéré. La seule chose qu'on puisse induire de cette loi, c'est qu'en droit romain il fallait que le jet fût précédé d'une délibération pour être bonifiée en avarie grosse. Nous aurons bientôt l'occasion de discuter cette question.

Les textes statuant *de eo quod plerumque fit* parlent ordinairement d'un sacrifice. On doit assimiler au sacrifice les dépenses extraordinaires volontairement faites par le capitaine (l. 2, § 3 h. t.).

Intérêt commun du navire et de la cargaison. — Le sacrifice ou la dépense extraordinaire doit avoir été faite dans l'intérêt commun du navire et de la cargaison. La loi 6 nous montre un vaisseau qui a essuyé une violente tempête. Ses mâts ont été brisés, ses voiles déchirées. Le calme revenu, il relâche dans le port le plus proche pour réparer ses avaries. Les frais de relâche donneront-ils lieu à contribution ? Non répond Julien, car dans l'espèce le navire était intact et la cargaison ne courait aucun danger ; ces frais sont faits *instruendæ magis navis quam conservandarum mercium gratiâ*. Mais si modifiant un peu l'espèce, nous supposions qu'une voie d'eau se soit déclarée et que le vaisseau menaçant de périr, le capitaine se soit décidé à relâcher. Les frais de relâche devraient alors être bonifiés en avarie grosse, car ils ont été faits dans l'intérêt commun, *pro omnibus...* comme dit la loi 1 h. t.

Notre condition est encore exigée par la loi 3 h. t. qui

décide que si l'on coupe un mât, si on sacrifie un accessoire du navire... *removendi communis periculi causa*,
il y aura lieu à contribution. Enfin, nous retrouvons
cette même condition dans la loi 5, § 1 : *Arbore cæsâ, ut
navis cum mercibus liberari possit, aequitas contributionis habebit locum.*

Résultat utile. — Nous disons — résultat utile — et
non salut du navire et de la cargaison. « Cette dernière
formule prise à la lettre, disent MM. Lyon-Caen et Renault (1), conduirait à cette conséquence que, si le navire entier a été sacrifié pour assurer le salut de la cargaison, ou si, à l'inverse, le sacrifice a porté sur la cargaison entière et a sauvé le navire, il n'y a pas lieu à
contribution, de telle sorte qu'on l'exclurait précisément
dans le cas où le sacrifice a été le plus considérable ».

Mais faut-il que ce résultat utile soit la conséquence
de l'acte de volonté du capitaine ; en d'autres termes,
faut-il que le salut soit dû au sacrifice pour qu'il y ait
avarie commune ? Cette doctrine peut être soutenue en
droit français. L'article 433 porte en effet : « *Si le jet ne
sauve le navire*, il n'y a lieu à aucune contribution ».
C'est aussi ce que décidait l'article 15, tit. 8, liv. 3 de
l'ordonnance de 1681 et tous nos vieux auteurs ont approuvé cette règle (2). Telle ne paraît pas avoir été la
doctrine romaine. La loi 4, pr. dit bien que le jet donne
lieu à contribution *salvâ nave*, c'est-à-dire le navire étant
sauf. Les mêmes mots se retrouvent dans la loi 5, pr.

---

(1) Lyon-Caen et Renault, *Précis de droit commercial*, t. 2, p. 236, nᵒ 1955.
(2) Emerigon, ch. 12, sent. 41, § 4 ; Valin sur l'article 15 de l'ordonnance ;
Pothier, *Traité des louages maritimes*, nᵒˢ 109 et 113.

d'Hermogénien. Enfin, on lit dans les Sentences de Paul, liv. II, tit. VII, §§ 3 et 4 qu'il ne peut y avoir contribution que *si navis salva sit*. Cela signifie que si malgré le sacrifice le navire périt, on ne peut parler d'avarie commune, « *enim merces non possunt videri servandæ navis causâ jactæ esse, quæ periit* » (loi 4, § 1, h. t.) ; mais si le navire est sauf, lors même que le salut ne viendrait pas du jet, il y a lieu à contribution (1). Les mots *salvâ nave, si navis facta sit* veulent dire qu' « il y a lieu à contribution dès que le navire a échappé à la tempête qui a donné lieu au jet », et non pas qu'il n'y a pas lieu à contribution si le jet ne sauve le navire comme l'ont décidé l'ordonnance et le Code de commerce (art. 433). La doctrine romaine que nous venons d'exposer est admise en Angleterre et aux États-Unis (2).

Le sacrifice doit être motivé par un danger sérieux. — Les trois caractères que nous venons d'étudier sont exigés dans toutes les législations. En droit romain, l'existence de l'avarie commune est subordonnée à une autre condition : le sacrifice doit être motivé par un danger sérieux. La loi 2, pr. h. t. parle d'un navire *laborans* ; la loi 3 h. t. suppose le sacrifice d'un mât ou d'un accessoire du navire *removendi communis periculi causâ* ; la loi 4 pr. h. t. ne considère le changement sur des allèges d'une partie de la cargaison comme constituant une avarie commune que dans le cas où le navire est en danger *ne periclitetur* ; enfin la loi 5 suppose un jet survenu *in communi periculo*. La loi 4, § 1 parle éga-

---

(1) Frémery, *Études de droit commercial*, p. 228 et 229.
(2) Lyon-Caen et Renault, *loc. cit.*, p. 236, note 3.

lement d'un jet fait *in tempestate*. Il est certain qu'un
danger sérieux est la meilleure justification du sacrifice,
mais on peut parfaitement concevoir l'existence d'une
avarie commune en dehors de tout danger. « Ainsi (1),
un navire est en relâche dans un port de peu de ressour-
ces ; une réparation complète de ses avaries entraînerait
un long retard et de grands frais. On lui enlève une
partie de son chargement qu'on fait parvenir à destination par un autre bâtiment affrété exprès. Le navire allégé peut enfin reprendre la mer après des réparations
provisoires. Le fret du bâtiment auxiliaire est une dépense à classer en avarie commune ». La présence d'un
danger sérieux est nécessaire dans presque toutes les
hypothèses d'avaries communes. C'est ce qui nous explique que les textes statuant *de eo quod plerumque fit*
exigent cette condition. Toutefois, nous croyons que si
une espèce analogue à celle que nous avons mentionnée
s'était présentée à Rome, on devrait la considérer comme
une avarie grosse.

Le sacrifice doit-il être ordonné par le capitaine ? — Le
sacrifice, croyons-nous, n'a pas besoin d'être *ordonné*
par le capitaine. Les textes nous montrent des chargeurs
précipitant eux-mêmes leurs marchandises à la mer sans
parler d'ordre du capitaine (2). La loi 14, pr. XIX, 5,
déclare même à l'abri de toute action de la part des propriétaires lésés, le chargeur qui jette à la mer les marchandises d'autrui, sauf en cas de dol ou de faute. Cette
disposition serait absolument inutile si ce chargeur en

(1) Lyon-Caen et Renault, *loc. cit.*, p. 235, n° 1953.
(2) Juvénal, satire XII ; Quinte Curce, liv. V, ch. IX.

avait reçu l'ordre du capitaine, car celui-ci, s'il y avait une responsabilité à établir serait seul responsable. Cependant, s'il n'est pas nécessaire que le sacrifice soit *ordonné* par le capitaine, il est certain qu'il ne peut être fait malgré lui. L'ordre du capitaine nous paraît même indispensable lorsque le sacrifice doit porter sur le navire ou un accessoire du navire. D'ailleurs, c'est l'acte de volonté du *capitaine* qui constitue le sacrifice volontaire. Le consentement des chargeurs n'est nullement indispensable pour opérer des sacrifices commandés par le salut commun. L'évidence du danger peut parfaitement décider le patron à faire le jet même malgré eux (1). La loi 2 § 1 *in fine* : « ... *si voluntate vectorum*... » ne veut pas dire que les chargeurs peuvent se passer de l'ordre ou tout au moins de l'approbation tacite du capitaine dans un danger imminent. Elle signifierait seulement que le jet doit être précédé d'une délibération. Mais cela est-il bien sûr? C'est ce que nous allons immédiatement examiner.

Une délibération doit-elle précéder le sacrifice? — On a soutenu en se fondant sur la loi 2 de Paul, § 1, h. t. qu'en droit romain une délibération devait précéder le sacrifice : « *Si conservatis mercibus deterior facta sit navis, aut si quid exarmaverit, nulla facienda est collatio, quia dissimilis earum rerum causa sit, quæ navis gratiâ parentur, et earum pro quibus mercedem aliquis acceperit : nam et si faber incudem aut malleum fregerit, non imputaretur ei qui locaverit opus ; sed, si* VOLUNTATE VECTORUM, *vel propter aliquem metum, id detrimentum factum*

(1) Conf. Pardessus, p. 105, note 9 ; Huber, *Eunomia Romana*, p. 555.

sit, hoc ipsum sarciri oportet ». Nous avons déjà vu que
Cujas proposait de substituer *similis* à *dissimilis* ou de
placer une négative avant ce dernier mot. Ce n'est pas
la seule correction que l'on doive faire subir à ce texte.
Cujas supprime encore le mot *vel*, ce qui a l'avantage de
montrer que l'avarie est non seulement voulue, mais
rendue nécessaire par la présence d'un danger sérieux,
car *aliquem metum* ne signifie pas une crainte vaine,
meticulosus jactus ; c'est ce qu'explique la loi 14 du tit. 5,
liv. XIX au Digeste. Ces mots doivent être complétés de
la manière suivante : « *aliquem metum servandarum mercium causâ* ». Mais l'inconvénient de cette suppression
est de laisser croire que le consentement des chargeurs
était nécessaire pour opérer le jet. Or, cela est loin d'être
certain. Pardessus (1) (et c'est aussi l'opinion d'Huber)
estime, au contraire, que le patron en présence de l'imminence du danger pouvait faire ce sacrifice malgré les
chargeurs. Un texte qui mérite de telles corrections et
de telles explications est forcément suspect. On ne sera
donc pas surpris que nous considérions le mot *volun-
tas* comme impropre. D'après nous, cette dernière partie du texte ne signifie ni que le sacrifice dépend d'un
acte de volonté des chargeurs, ni que ceux-ci peuvent
s'opposer à l'ordre du capitaine, ni que le sacrifice doive
être précédé d'une délibération ; Paul se réfère très probablement à l'hypothèse d'un jet fait dans l'intérêt commun par les chargeurs eux-mêmes en présence du danger, sans l'ordre du capitaine, mais avec son approbation,
et il décide que dans cette hypothèse, contrairement à la

(1) Pardessus, *Lois maritimes antér. au* XVIIIe *s.*, p. 105, note 9.

précédente, il y aura lieu à contribution. Ce fragment ne prouve donc en aucune façon qu'une délibération quelconque fut requise pour qu'il y eût avarie commune en droit romain, et comme les partisans de cette doctrine n'invoquent que ce seul texte, nous en concluons qu'à Rome la délibération précédant le sacrifice n'était pas un caractère distinctif de l'avarie commune.

Faut-il que le danger n'ait pas été précédé d'une faute du capitaine ? — Supposons que tous les caractères requis pour l'existence de l'avarie commune se trouvent réunis, mais que le patron par sa faute ait mis le navire en péril. Ainsi, par suite d'une fausse manœuvre, le navire échoue, et pour le relever, le capitaine est obligé de jeter à la mer une partie de la cargaison. Presque tous les auteurs soutiennent que dans ce cas la *loi Rhodia* est inapplicable. Pothier (1) accorde une action *ex conducto* contre le patron ; Pardessus (2) donne au propriétaire des marchandises jetées, l'action *ex recepto*. — Lauterbach (3) et Glück (4), malgré la faute du patron, sont partisans de la contribution dans deux cas : 1° quand le patron est insolvable et 2° s'il réussit à se soustraire aux poursuites (5). On peut dire en faveur de la contribution qu'il importe peu que ce soit la faute du capitaine qui ait causé le danger. Ce danger existant, il est juste quelle qu'en soit la cause, que tous ceux qui ont tiré profit

(1) Pothier, *Contrats maritimes*, p. 102.
(2) Pardessus, *loc. cit.*, t. 1, p. 104, note 5.
(3) Lauterbach, *Dissertationes academicæ*, Dis. III, cap. 5.
(4) Glück, *Pandekten*, tome 14, § 885.
(5) M. Lyon-Caen est partisan en droit français de la contribution malgré la faute du capitaine, V. note de S. 82. 1. 409. La jurisprudence est en sens contraire.

du sacrifice contribuent à le réparer, autrement ils s'en-
richiraient au détriment d'autrui. Ce n'est pas à dire
que l'auteur de la faute ne supportera pas en définitive
la responsabilité de son acte. Tous ceux qui auront
contribué auront contre lui une action pour recouvrer
le montant de la contribution.

CHAPITRE III

On peut diviser en trois catégories les principales avaries communes énumérées par la *lex Rhodia de jactu*.
La première comprend les dommages ou pertes subis
par la cargaison ; la seconde, ceux soufferts par le navire ou ses accessoires ; enfin les dépenses extraordinaires faites dans l'intérêt commun.

1° *Dommages ou pertes portant sur la cargaison.* —
Les textes donnent trois exemples d'avaries communes
rentrant dans cette classe. Ce sont : a) le jet ; b) les
dommages causés par le jet au reste de la cargaison ;
c) la perte des marchandises chargées sur des allèges.

a) *Jet.* — Le jet des marchandises est le type des avaries communes. Il consiste à faire passer par dessus bord
tout ou partie de la cargaison afin d'assurer la conservation soit du navire seul ainsi allégé, soit du navire
avec le restant de la cargaison. « *Lege Rhodia cavetur
ut, si levandæ navis gratiâ jactus mercium factus est omnium contributione sarciatur, quod pro omnibus datum
est.* » (l. 1 h.t.) Le jet est l'avarie commune la plus fré-
quente ; c'est ce qui explique combien sont nombreuses
les lois qui s'y rapportent (l. 1 ; l. 2 pr. §§ 2, 4, 7 et 8 ;
l. 4 § 1 ; l. 5 pr. ; l. 8 h. t).

Les lois romaines se réfèrent toujours à une cause unique du jet : la tempête : « *Si navis quæ in tempestate jactu mercium...* » dit la loi 4 § 1. Le jet constituerait également une avarie commune s'il résultait d'une autre cause, par exemple la chasse de l'ennemi ou pour renflouer le navire après échouement.

La *lex Rhodia* est absolument muette sur la façon dont on devait opérer le jet. Nous ne savons donc pas si à l'exemple de l'article 411 du Code de commerce les choses les moins nécessaires, les plus pesantes et de moindre prix devaient être jetées les premières. Il est infiniment probable qu'en présence d'un danger imminent, on s'attaquait à tout ce qui se trouvait sous la main (1). Le capitaine n'avait pas non plus besoin de prendre l'avis des chargeurs ou des principaux de l'équipage. Nous avons vu, en effet, que la loi 2, § 1 h. t. n'avait pas le sens qu'on lui prête. Aussi, la distinction moderne entre le jet régulier et le jet irrégulier était inconnue en droit romain.

Quelles choses peuvent être jetées ? Tout, excepté les esclaves. Cela peut paraître étrange à Rome où l'esclave était considéré comme une chose estimable en argent. Pourquoi donc ne pas admettre le jet des esclaves ? Parce qu'à Rome, malgré l'existence de l'esclavage, l'humanité s'y opposait. Ulpien ne proclame-t-il pas lui-même l'é-

---

(1) Pardessus (t. 1, p. 60) s'appuie sur le passage suivant des lettres de Salluste à César (lettre 1, § 9) pour affirmer qu'au cas de jet on devait d'abord sacrifier les objets de moindre prix : « L. Postumius et M. Favorinus me semblent des fardeaux superflus dans un navire : s'il arrive à bon port, on en tire quelque parti ; mais au premier orage, c'est d'eux qu'on se défait d'abord, comme de ce qu'il y a de moins précieux ».

galité de tous les hommes en droit naturel dans la loi 32,
liv. I, tit. XVII *de regulis juris*? Peut-on admettre qu'il
en fut autrement sous Justinien, alors que le christia-
nisme régnait depuis longtemps à Rome? On a cité à
l'appui de notre doctrine un autre argument tiré de la
loi 2, § 5 h. t. : *Servorum quoque, qui in mari perierunt,
non magis æstimatio facienda est, quam si qui ægri in
nave decesserint, aut aliqui sese præcipitaverint.* Emérigon donne de ce fragment l'excellente traduction suivante : « La mort des esclaves est avarie particulière,
qu'elle soit arrivée par fortune de mer, par maladie ou
par désespoir ». On a dit : si le jet des esclaves avait
été permis, la décision du texte serait en opposition manifeste avec les principes admis en matière d'avarie commune, car dès qu'on les aurait sacrifiés pour le salut
commun, la perte en devrait être répartie par la contribution. Cela serait exact si le texte parlait d'esclaves
jetés ; mais les mots *qui in mari perierunt* signifient que
l'esclave est mort en mer et par pure fortune de mer,
nullement qu'il a été précipité dans les flots. Dès lors,
il me semble qu'on ne peut en tirer un argument pour
soutenir que le jet des esclaves était prohibé à Rome.

b) *Dommages causés par le jet au reste de la cargaison.*
— Cette hypothèse est prévue par la loi 4, § 2, h. t. Pour
opérer le jet, les écoutilles ont été ouvertes, et l'eau pé-
nétrant dans la cale a entièrement détérioré les marchandises de l'un des chargeurs. Cette perte sera-t-elle
couverte par la contribution ? Oui, répond Callistrate,
car «... *quid interest, jactatas res meas amiserim, an nu-
datas* (ou *inundatas* comme le propose Pothier) *deteriores*

habere cœperim ? » Ces dommages doivent être classés
en avarie commune, dès qu'il est reconnu qu'ils *dérivent*
du jet des marchandises : «... *nam sicut ei qui perdide-*
rit subvenitur, ita et ei subveniri oportet qui deteriores
propter jactum res habere cœperit ». La généralité de ces
derniers mot permet de décider qu'il doit y avoir contribution, non seulement lorsque le dommage a été causé
par le jet au reste de la cargaison, mais aussi au navire.
Par exemple, on a dû saborder le navire pour opérer
plus facilement le jet.

  c) *Perte des marchandises chargées sur des allèges.* —
Il est une hypothèse que l'on doit rapprocher du jet
« *proinde tanquam si jactura facta est* » (l. 4, pr.). Elle
est prévue par la loi 4, pr. et par le § 4, livre II, titre VII
des Sentences de Paul. Un navire lourdement chargé arrive à l'entrée d'un fleuve ou d'un port. On est à marée
basse, il ne peut y pénétrer et pourtant une tempête s'é-
lève. Le capitaine charge une partie des marchandises
sur des barques ou allèges ; le navire ainsi soulagé arrive à bon port, mais les marchandises périssent ainsi
que les barques sur lesquelles elles avaient été placées.
Callistrate bonifie la perte de ces marchandises en avarie grosse. Il est certain que le capitaine n'a pas voulu leur
perte ; il n'en est pas moins vrai qu'il les a mises dans
une situation qui a occasionné cette perte. « *Navis onus-*
tæ levandæ causâ, quia intrare flumen vel portum non
potuerat cum onere, si quædam merces in scapham tra-
jectæ sunt, ne aut extra flumen periclitetur, aut in ipso
ostio vel portu, eaque scapha submersa est, ratio haberi
debet inter eos qui in nave merces salvas habent, cum his

qui in scapha perdiderunt, proinde tanquam si jactura facta est ». Ce texte nous dit que les propriétaires des marchandises perdues seront indemnisés par les propriétaires des marchandises qui sont restées à bord, il ne parle pas de la perte des barques ou allèges elles-mêmes. Cependant, il y a un grand intérêt à savoir sur qui en définitive retombera cette perte.

Le silence de notre fragment sur ce point a amené certains auteurs à penser qu'il n'y avait pas lieu à contribution pour la perte des barques ou allèges (1). Il y a là une erreur. Tout au moins la pensée de ces auteurs est incomplète. La question doit être résolue à l'aide d'une distinction. Les allèges ont-elles été louées par le capitaine dans le but de décharger une partie de sa cargaison ? La perte due à une fortune de mer devra être supportée par le locateur. Dans ce cas, en effet, il n'y a pas lieu à contribution. Mais si, ce qui peut parfaitement se présenter, les marchandises ont été transbordées sur des embarcations du bord, alors, la perte des marchandises aussi bien que celle des embarcations constituera une avarie commune. C'est aussi l'opinion de Pardessus (2) qui invoque la loi 5 § 1 à l'appui de cette solution : *Arbore cæsâ, ut navis cum mercibus liberari possit, æquitas contributionis habebit locum.* Une embarcation du bord est, en effet, un accessoire du navire. Sa perte doit être traitée de la même façon que le sacrifice d'un mât (3).

---

(1) Vinnius sur Peckius sur la loi 4 *de lege Rhodiâ,* p. 425; Casaregis, Disc. 46, n° 31.

(2) Pardessus, *loc. cit.,* t. 1, p. 107.

(3) On pourrait tirer un nouvel argument à l'appui de notre doctrine de la loi 3 h. t. de Papinien.

Le cas inverse peut se présenter. Les marchandises placées sur des allèges arrivent à bon port, tandis que les marchandises restées à bord périssent avec le navire. Callistrate (l. 4 pr. *in fine*) décide avec raison qu'il n'y aura pas lieu à contribution : « *Contrà, si scapha cum parte mercium salva est, navis periit, ratio haberi non debet eorum qui in navi perdiderunt*, quia jactus in tributum nave salvâ venit ». On ne peut pas dire que le chargement sur allèges ou le jet (puisque le chargement sur allèges est assimilable au jet) a produit un résultat utile puisque le navire a péri. A cette raison donnée au texte, on peut ajouter que la perte du navire et des marchandises restées à bord n'est pas due à un sacrifice volontaire.

2° *Dommages soufferts par le navire ou ses accessoires.* — On trouve dans la *lex Rhodia de jactu* deux hypothèses qui peuvent rentrer dans cette catégorie : a) mutilation du navire ; b) le navire périt dans une seconde tempête. La perte d'une embarcation du bord employée à l'allègement (l. 4, pr., h. t.) peut aussi être considérée comme le sacrifice d'un accessoire du navire. Comme nous venons d'en parler, nous n'y reviendrons pas.

a) *Détérioration du navire.* — Par exemple, le navire a été sabordé pour faciliter le jet (l. 4, § 2 *in fine*) ; on a coupé un mât dans l'intérêt commun (l. 3, h. t.). Nous avons vu que la loi 4 § 2 bonifiait en avarie grosse les dommages arrivés aux *marchandises* par suite du jet. Les dommages soufferts par le *navire* à l'occasion du jet sont aussi des avaries communes. C'est ce qui résulte de

la généralité des termes employés par la loi 4 § 2 *in fine* :
« *qui deteriores propter jactum res habere cœperit* », c'est-
à-dire, quiconque a souffert du jet. Donc, quand le navire a été sabordé pour faciliter le jet, ce dommage doit
être classé en avarie grosse.

Le sacrifice d'un mât, d'une ancre ou d'un autre accessoire du navire fait dans l'intérêt commun est aussi
une avarie grosse : « *Cùm arbor, aut aliud navis instrumentum, removendi communis periculi causâ dejectum est,
contributio debetur* ».

b) *Le navire périt dans une seconde tempête.* — « *Si
navis quæ in tempestate jactu mercium unius mercatoris
levata est, in alio loco submersa est, et aliquorum mercato-
rum merces per urinatores extractæ sunt datâ mercede,
rationem haberi debere ejus cujus merces in navigatione
levandæ navis causâ jactæ sunt, ab his qui postea sua per
urinatores servaverunt, Sabinus æque respondit : eorum
vero qui ita servaverunt, invicem rationem haberi non debere ab eo qui in navigatione jactum fecit, si quaedam ex
his mercibus per urinatores extractæ sunt ; eorum enim
merces non possunt videri servandæ navis causâ jactæ
esse, quæ periit* » (l. 4, § 1, h. t.). Une fois le résultat
utile obtenu, le droit à contribution subsiste quels que
soient les événements postérieurs. Ainsi, un jet a sauvé
le navire, mais dans une tempête postérieure, ou dans
un autre lieu « *in alio loco* », il fait naufrage. On réussit
cependant à sauver quelques marchandises, ou si l'on
préfère (c'est l'hypothèse du texte), certains chargeurs
font repêcher à leurs frais leurs marchandises. Le jurisconsulte décide que celles-ci doivent contribuer à indem-

3

niser les propriétaires des marchandises jetées. Les marchandises repêchées sont en effet sauvées, et sauvées grâce au jet. Sans le jet, la cargaison entière aurait péri, et les marchandises repêchées auraient eu le même sort que celles qui ont été jetées. Il y a donc lieu à contribution. Ce ne sont, toutefois, que les marchandises repêchées qui contribuent, car seules elles sont « sauvées » et seules elles sont susceptibles d'être évaluées puisqu'on peut les vendre (1. 2, § 4, *in fine*, h. t.). Si on avait réussi à repêcher les marchandises jetées, il va sans dire qu'elles ne contribueraient pas, car le résultat utile, caractère distinctif de l'avarie commune, n'a pas été obtenu, le navire et le reste de la cargaison ayant péri. C'est la solution donnée par Callistrate dans la seconde moitié du texte. On ne peut que l'approuver.

3° *Dépenses extraordinaires faites dans l'intérêt commun.* — Au nombre de ces dépenses figurent les frais de relâche (1. 6, h. t.) et la rançon du navire capturé par les pirates (1. 2, § 3).

a) *Frais de relâche.* — La loi 6 qui traite cette espèce est ainsi conçue : « *Navis adversâ tempestate depressâ, ictu fulminis deustis armamentis et arbore et antennâ, Hipponem delata est, ibique tumultuariis armamentis ad præsens comparatis, Ostium navigavit et onus integrum pertulit. Quæsitum est an hi quorum onus fuit, nautæ pro damno conferre debeant. Respondit non debere : hic enim sumptus instruendæ magis navis quam conservansarum mercium gratiâ factus est* ». Il s'agit là d'une décision d'espèce qui nous permet cependant par *à contrario* de conclure que dans le cas où la relâche a été nécessitée par l'intérêt commun du navire et de la cargaison, il y a lieu à contribution. Dans l'hypothèse prévue par Julien, il n'y a pas avarie commune parceque la tempête quoiqu'ayant désemparé le navire ne l'avait pas mis en danger. Le capitaine en relâchant à Hippone avant de se rendre à Ostie n'avait en vue que l'intérêt du navire : « *Hic enim sumptus instruendæ magis navis quam conservandarum mercium gratiâ factus est* ». Il en serait autrement si le navire et la cargaison se trouvant en danger, le capitaine s'était décidé à s'arrêter dans un port d'échelle. Mais ici, une question se pose : il est certain que les frais de relâche proprement dits (droits d'entrée et de sortie s'ils existaient, droits de pilotage, loyers supplémentaires et nourriture de l'équipage) doivent être supportés en commun ; mais en est-il de même des dépenses faites pour réparer le navire ? Les textes sont muets sur cette question. En droit pur, il y aurait lieu de distinguer selon que les dommages à réparer résultent d'une avarie commune ou d'une avarie particulière. Les conséquences d'une avarie commune sont des avaries communes, les conséquences d'une avarie particulière sont particulières (1).

b) *Rançon du navire capturé.* — La loi 2, § 3, h. t. prévoit ce cas : « *Si navis a piratis redempta sit, Servius, Ofilius, Labeo, omnes conferre debere aiunt. Quod verò prædones abstulerint, eum perdere, cujus fuerint : nec con-*

---

(1) Lorsque les avaries particulières dont le navire est atteint mettent en danger commun le navire et la cargaison, on discute en droit moderne la question de savoir si toutes les conséquences de l'avarie particulière au navire sont des avaries particulières. V. cette controverse dans MM. Lyon-Caen et Renault, t. 2, n° 1968. *Précis de droit commercial.*

ferendum ei qui suas merces redemerit ». Deux hypothèses que l'on doit soigneusement distinguer sont conte-
nues dans ce texte : 1° un navire est pris par des pirates.
On le rachète. Il y a avarie commune. Naturellement on
suppose que le navire a été racheté avec sa cargaison,
autrement il n'y aurait là qu'une avarie particulière ;
2° les pirates s'emparent des marchandises de l'un des
chargeurs et celui-ci les rachète. C'est une avarie particulière. Le rachat a été fait dans l'intérêt unique du
chargeur dépouillé et non dans l'intérêt commun (1).

Les différents cas d'avarie commune que nous venons
de parcourir ne sont pas les seuls. Ils doivent être éten-
dus, comme nous l'avons dit dans l'introduction, à toutes les hypothèses dans lesquelles se trouvent réunis les
caractères distinctifs des avaries communes.

---

(1) M. Pardessus (p. 106, note 6, *loc. cit.*) réfute de la façon suivante l'o-
pinion de Godefroy qui induisait de notre texte une différence entre le
pirate (*pirata*) et le voleur (*prædo*). « Je ne crois pas, dit-il, que la décision du jurisconsulte ait ce fondement. Les pirates qui se sont emparés
d'un navire et qui le relâchent moyennant rançon, n'acquièrent pas plus
légitimement ce qui leur est donné ainsi par violence que les voleurs qui
s'emparent de quelques objets. Mais dans le premier cas, il y a eu sacrifice pour racheter le navire dans l'intérêt de tous ; au second cas, il n'y a
eu qu'un pillage particulier qui n'a pas produit le salut commun : c'est
sur cette distinction que la décision du jurisconsulte est fondée ».

CHAPITRE IV

Quand on se trouve en présence d'une avarie commune, on doit d'abord évaluer la perte subie afin de la
répartir entre tous ceux qui ont profité du sacrifice.
Cette répartition ne pèse pas aussi lourdement sur tous
les intéressés. Pour déterminer la part que chacun doit
supporter, on procède à ce que l'on appelle un règlement
d'avarie. Le règlement d'avarie commune se compose
donc nécessairement de deux masses : 1° la masse active ou créancière ; c'est la masse des dommages à répartir ; 2° la masse passive ou contribuable, c'est-à-dire
celle des objets soumis à la contribution. Chacun doit
contribuer en proportion du profit qu'il a tiré du sacrifice. Comment à Rome procédait-on à la formation de
ces deux masses ?

§ 1. — *Masse active ou créancière.*

La masse active est la plus facile à déterminer. Elle
comprend les dépenses extraordinaires faites dans l'intérêt commun ou le montant des dommages subis par la
cargaison ou par le navire.

Les dépenses extraordinaires faites dans l'intérêt commun figurent évidemment dans la masse active pour leur total.

Quand le sacrifice a porté sur des marchandises, on les fait figurer dans la masse créancière pour leur prix d'achat. C'est ce que dit la loi 2, § 4 . « *Nec ad rem pertinet, si hae quæ amissæ sunt pluris veniri poterunt, quoniam detrimenti, non lucri fit præstatio* ». En législation, cette solution est très critiquable. Le texte a beau dire que le propriétaire des marchandises jetées doit être dédommagé de la perte qu'il a faite, mais qu'il ne doit pas réaliser un gain, il n'en est pas moins vrai qu'en lui remboursant seulement son prix d'achat, il subit une perte consistant dans la différence qu'il y a entre ce prix d'achat et le prix pour lequel il aurait vendu ses marchandises à destination. C'est cette différence qu'Ulpien appelle *loci utilitas* ; c'est le prix que touchent les propriétaires des marchandises sauvées, c'est celui qu'en bonne justice devrait toucher le propriétaire des marchandises jetées. Disons cependant, quoique ce point soit débattu, qu'en droit romain, cette injustice était pratiquement atténuée en ce que les marchandises jetées ne figuraient pas dans la masse passive ou contribuable. Les propriétaires des marchandises jetées recevant leur valeur devraient également figurer dans la masse passive, autrement ils profitent du sacrifice au détriment des autres. Or, nous verrons qu'en droit romain les marchandises jetées ne figuraient pas dans la masse passive. Il y avait dans cette pratique une sorte de compensation qui explique jusqu'à un certain point pourquoi les marchan-

(1) Ulpien, l. 2, § 2, XIII, 4, *De eo quod certo loco.*

dises jetées ne figuraient dans la masse active que pour leur prix d'achat.

Le sacrifice pouvait enfin avoir porté sur le navire ou sur un accessoire du navire. Je crois que dans ce cas le principe écrit dans la loi 2, § 4, h. t., est applicable. Mais n'aboutit-on pas ici à une injustice en sens inverse de la précédente. Tout à l'heure, le propriétaire des marchandises jetées subissait une perte puisqu'il perdait la *loci utilitas*, le bénéfice espéré. Ici, le propriétaire du navire va réaliser un bénéfice. Les accessoires du navire que l'on a sacrifiés étaient pour la plupart usés, et on va rembourser à leur propriétaire la valeur de ces accessoires d'après leur prix d'achat. On peut répondre que le texte ne dit pas que l'on devra déduire la différence du neuf ou vieux, mais il ne s'y oppose pas non plus. Dans le silence de la loi, je suis tout disposé à tenir compte de cette déduction.

Les choses peuvent se compliquer. Ainsi, les marchandises jetées sont recouvrées. Comment en faire l'estimation ? Et même, leur propriétaire a-t-il le droit de les réclamer ? Dès l'instant du jet, n'a-t-il pas perdu son droit de propriété ?

a) Quid *si les marchandises jetées venaient à être recouvrées* ? — De deux choses l'une, ou la contribution avait déjà été payée, ou elle ne l'avait pas encore été. « *Si res quæ jactæ sunt apparuerint, exoneratur collatio; quod si jam contributio facta sit, tunc hi qui solverint agent ex locato cum magistro, ut is ex conducto experiatur, et quod exegerit reddat* » (l. 2, §, 7 h. t.). Si le règlement d'avarie n'avait pas encore été dressé et payé, alors dit le texte, il n'y a pas lieu à contribution : « *exoneratur collatio* ». Cela suppose évidemment que les marchandises repêchées n'ont pas été détériorées et qu'il n'est rien dû pour leur recouvrement, autrement la détérioration et les frais de sauvetage devraient être bonifiés en avarie grosse. Si la contribution avait déjà été payée, les propriétaires des marchandises recouvrées devraient restituer la somme reçue. Ils pourraient cependant garder une partie de cette somme correspondant à la détérioration et aux frais de sauvetage. Le bon sens et l'équité l'exigent ainsi.

b) *Le jet est-il une* derelictio. — Le recouvrement des marchandises jetées, nous venons de le voir, modifie le montant de la masse à répartir. Il nous reste à résoudre la question de savoir si le propriétaire de ces marchandises avait le droit de les réclamer après le jet. N'en avait-il pas perdu la propriété dès l'instant du jet ? Le jet ne doit-il pas être considéré comme une *derelictio* ? Non, répond la loi 2 § 8 « *Res autem jacta domini manet, nec fit apprehendentis, quia pro derelicto non habetur* ». C'est un abandon forcé sous l'empire de la nécessité « tout comme un individu trop lourdement chargé qui laisse son fardeau sur la route pour aller chercher des aides et revenir le prendre, *ut perinde sint ac si quis onere pressus in viam rem abjecerit, mox cum aliis reversurus ut eamdem auferret* ». (l. 8, h. t). La chose jetée ne devient donc pas une *res nullius* appartenant au premier occupant. Elle est « *non in derelicto, sed in depertito* (1) ». En conséquence, celui qui s'en empare

(1) L. 21 §§ 1 et 2, XII, *De acq. vel amit. posses.*

comment un vol et ne peut l'usucaper par aucun laps de temps, les choses volées ne pouvant être usucapées. (l. 7, D. XLI, 7).

Cette théorie est très exacte parceque le propriétaire de la chose jetée, s'il avait perdu le *corpus*, la possession de sa chose, en avait cependant conservé l'*animus*. Mais s'il était certain que ce propriétaire avait perdu tout espoir de la recouvrer, s'il avait perdu tout à la fois le *corpus* et l'*animus*, alors les principes reprendraient leur empire ; la chose jetée deviendrait *res nullius* et celui qui s'en emparerait ne commettrait pas un vol. C'est ce que dit formellement Ulpien (l. 43, § 11, XLVII, 2) ; « *Si jactum ex nave factum alius tulerit, an furti teneatur ? Quæstio in eo est an pro derelicto habitum sit. Et si quidem derelinquentis animo jactavit (quod plerumque credendum est, quum sciat periturum), qui invenit, suum fecit, nec furti teneatur* ». On a dit que les mots « *quod plerumque credendum est, quum sciat periturum* » étaient une interpolation. Je le veux bien, mais cela ne touche en rien au principe. Cette interpolation vraie ou prétendue n'établit qu'une simple présomption. D'après Ulpien, on doit présumer que le propriétaire des marchandises jetées perd le *corpus* et l'*animus*. En supprimant ce passage, la présomption disparaît, voilà tout.

§ 2. — *Masse passive ou contribuable.*

Après avoir déterminé la masse des dommages à répartir, nous devons rechercher maintenant comment s'opère cette répartition.

A. — Qui doit contribuer ?

En principe, tous ceux qui ont profité du sacrifice ou de la dépense doivent contribuer. Par suite, le propriétaire du navire qui doit au sacrifice le salut de son bâtiment et le fret qu'il touche est soumis à la contribution (l. 2 § 2, h. t.). Il en est de même des propriétaires des marchandises sauvées (l. 2 § 4, *in fine*, h. t.). Mais dans quelle mesure ces divers intéressés ont-ils profité du sacrifice ou de la dépense ? Pour combien doivent-ils contribuer ?

a) *Contribution du navire.* — Grâce au sacrifice, le propriétaire a sauvé son navire et son fret. La loi 2 § 2, h. t., dit expressément que le patron contribue « *dominum navis pro portione obligatum esse* ». Est-il obligé pour la totalité de la valeur du navire et en outre pour le fret ? Le texte laisse des doutes sur cette question à cause du vague des expressions *pro portione*. M. Pardessus (1) pense que « le navire contribuait pour la totalité de sa valeur et que les mots *pro portione* signifient seulement qu'en ce qui le concerne le propriétaire du navire contribuera ». Toutefois, ce n'est pas la valeur du navire au départ qu'on doit prendre en considération, mais sa valeur à destination. C'est en effet cette dernière valeur qui a été conservée au propriétaire du navire, c'est celle pour laquelle il doit contribuer. Il y a donc à faire une certaine déduction qui non seulement n'est pas contraire au texte, mais qui est tout à fait conforme aux principes : « *Placuit omnes quorum interfuis-*

(1) Pardessus, *loc. cit.* p. 329, note 2.

set jacturam fieri, conferre oportere » (l. 2, § 2, XIV, 2).

b) *Contribution du fret.* — *Placuit omnes quorum interfuisset jacturam fieri, conferre oportere* dit la loi que
nous venons de citer. Par conséquent, le propriétaire
du navire gagnant son fret doit aussi contribuer pour le
montant du fret. Mais s'il est vrai que le propriétaire du
navire gagne le fret, il serait injuste de le faire contribuer pour la totalité de ce profit (fret brut), car si
le navire avait péri, certaines dépenses qui sont à la
charge du fret eussent été évitées. Il faut donc déduire
les dépenses que la perte du navire aurait épargnées à
son propriétaire. Admettre que le propriétaire du navire
contribue à la fois pour la valeur de son navire à destination et pour la totalité du fret, c'est-à-dire pour le fret
brut, serait mettre à sa charge une contribution dépassant le profit tiré par lui de l'avarie commune. Dans le
silence de la loi romaine, c'est le système le plus rationnel.

c) *Contribution des chargeurs.* — Les chargeurs des
marchandises sauvées contribuent pour la valeur de ces
marchandises au port de destination. Cette valeur représente, en effet, l'avantage tiré du sacrifice. C'est du
reste ce que dit la loi 2, § 4 : « *In his rebus quarum nomine conferendum est, æstimatio debet haberi, non quanti
emptæ sint, sed quanti venire possunt* ».

On voit que les marchandises sauvées ne sont pas es-
timées de la même façon dans la masse contribuable que
les marchandises sacrifiées dans la masse créancière. Ces
dernières ne figurent dans la masse active que pour leur
prix d'achat. Nous avons donné précédemment l'explication de la loi romaine sur ce point. En Droit romain,

le propriétaire des marchandises sacrifiées perd le bénéfice espéré, mais comme il ne figure pas dans la masse
contribuable, il s'établit une sorte de compensation entre
la somme qu'il ne touche pas et celle qu'il aurait dû ver-
ser comme part contributive d'après la rigueur des
principes.

Revenons aux marchandises sauvées. Elles contribuent d'après la loi 2, § 4 pour leur valeur au port de
déchargement. Mais est-ce pour leur valeur brute ou
déduction faite des sommes que leur propriétaire n'aurait pas eu à payer si elles avaient péri ? C'est évidemment pour cette dernière valeur. En effet, si elles avaient
péri, les chargeurs n'auraient pas eu de fret à payer, à
moins qu'il n'eut été stipulé payable à tout évènement ;
les frais de déchargement eussent été évités, etc... La
mesure du profit tiré du sacrifice par les chargeurs des
marchandises sauvées est donc la valeur de ces marchandises au port d'arrivée, moins ces diverses dépenses.
C'est pour cette valeur qu'ils doivent contribuer. La loi 2,
§ 4 ne dit pas cela expressément, mais notre interprétation conforme à l'équité ne la contredit pas.

Les marchandises sauvées peuvent être détériorées.
Comment s'établira alors la contribution ? La loi 4, § 2
fait la distinction suivante. La détérioration résulte-
t-elle d'un cas fortuit ou a-t-elle été causée par le jet, en
d'autres termes, est-ce une avarie particulière ou une
avarie commune ? Dans le premier cas, pas de difficulté :
leur propriétaire sera soumis à contribution pour leur
prix à l'état d'avarie avec déduction du fret, des frais de
déchargement, etc... C'est seulement dans cette mesure

qu'il a profité du sacrifice. Cela est conforme à la loi 2, § 4 : « *In his rebus quarum nomine conferendum est, æstimatio debet haberi, non quanti emptæ sint, sed quanti venire possunt* ». Lorsque la détérioration constitue une avarie commune, par exemple, lorsqu'elle a été causée par le jet d'autres marchandises, alors, on doit faire une nouvelle estimation que Callistrate trouve très subtile tout en l'approuvant (l. 4, § 2). La contribution est-elle supérieure à l'avarie ou lui est-elle inférieure. Pour me servir des expressions du jurisconsulte, y a-t-il « *plus in collatione quam in damno* » ou « *plus in damno quam in collatione* » ?

a) *Plus in collatione quam in damno*. — «... *Verbi gratiâ hae res viginti fuerunt, et collatio quidem facit decem, damnum autem duo ; deducto hoc quod damnum passus est, reliquum conferre debeat* » (l. 4, § 2). Ainsi, les marchandises avariées auraient valu 20 au port de destination, le montant de la détérioration subie par elles est de 2, la contribution établie d'après leur prix de vente à l'état sain est de 10. D'après Callistrate, on doit déduire le montant de l'avarie et établir la contribution sur le restant c'est-à-dire sur 18. Cette solution est critiquable en théorie puisque le propriétaire des marchandises avariées ne contribue pas à la réparation de la perte dont on l'indemnise, mais il faut reconnaître qu'elle est conforme aux principes romains. D'une part, elle est conforme à la loi 2, § 4 : « *æstimatio debet haberi, non quanti emptæ sint, sed quanti venire possunt* » ; d'autre part, en Droit romain, les marchandises sacrifiées ne contribuent pas. Cette dernière proposition donne lieu à une controverse que nous examinerons bientôt.

b) *Plus in qumno daam in collatione.* — Dans ce cas, « *Indubitate utrumque onus pati non debet* » (l. 4, § 2 h. t.). Ainsi, si des marchandises qui auraient eu une valeur de 20 au port d'arrivée subissent une détérioration égale à 10 et que la contribution établie sur cette base soit seulement de 2, leur propriétaire dit la loi 4, § 2 n'aura pas à subir la double perte consistant : 1º dans l'avarie causée par le jet et 2º dans la contribution. Pourquoi donc ? Nous ne trouvons aucune explication plausible de cette extrême faveur. D'abord, est-il vrai de dire que le chargeur souffrira d'un double préjudice ? Si les marchandises dont il s'agit ont perdu la moitié de leur valeur, cette perte sera réparée intégralement à l'aide de la contribution à laquelle il ne participera point. Et pourquoi exempter complètement de la contribution une marchandise qui est sauvée au moins pour 10 ?

B. Exceptions à l'obligation de contribuer.

Le principe est que tout ce qui est sauvé contribue. On s'est pourtant demandé si les choses qui chargeaient à peine le navire, « *velut gemmas, margaritas* » (l. 2, § 2), devaient contribuer. La réponse est écrite dans cette même loi 2, § 2 : « *Placuit omnes quorum interfuisset jacturam fieri, conferre oportere* ». On a égard à la valeur des choses sauvées non à leur poids ni à leur encombrement ; par conséquent, plus une chose est précieuse, plus il est de l'intérêt de son propriétaire de la conserver. Notre principe comporte cependant quelques exceptions. Ainsi, les personnes, les choses destinées à la consommation, les objets sacrifiés sont affranchis de la contribution.

a) *Personnes*. — En disant qu'en Droit romain les personnes ne contribuent pas, nous voulons parler des personnes libres. C'est d'ailleurs ce que décide la loi 2, § 2, h. t. : « *corporum liberorum æstimationem nullam fieri posse* ». En conséquence, le patron, les gens de l'équipage, les passagers, etc... sont à l'abri de toute réclamation, quoique le sacrifice leur ait également profité. La mesure dans laquelle ils ont profité du sacrifice n'est pas évaluable en argent. Mais si le navire sauvé transportait des esclaves, leurs maîtres seraient soumis à la contribution proportionnellement à leur valeur.

b) *Objets destinés à la consommation*. — Parmi ces objets, on doit ranger en première ligne les provisions de bouche. La loi 2, § 2 *in fine*, dit que tout ce qui est sauvé doit contribuer, y compris les vêtements des passagers, l'anneau même qu'on porte au doigt, *nisi si qua consumendi causâ imposita forent, quo in numero essent cibaria* , à l'exception des provisions de bouche. La raison en est que ces provisions appartiennent à tous, puisqu'elles sont destinées à nourrir ceux qui doivent conduire le navire à destination. On doit aussi exempter de la contribution les provisions de bouche appartenant aux passagers : « *si quando ea defecerint in navigationem, quod quisque haberet in commune conferret* » ; les vivres du bord venant à manquer, chacun est obligé de partager ce qui lui appartient. On n'a pas voulu, dit Cujas interprétant notre fragment, frapper ces objets d'une double contribution. Toutefois, si les provisions étaient transportées comme marchandises, il est certain qu'elles devraient contribuer.

Les provisions de bouche ne sont qu'un exemple donné par Paul des objets destinés à la consommation, c'est-à-dire des objets qui profitent à tous : « *quo in numero essent cibaria* ». Les munitions ou armes de guerre doivent aussi être exemptées de la contribution. Ces matières sont, en effet, l'instrument du salut commun puisqu'elles sont destinées à défendre le navire.

c) *Effets jetés.* — Nous avons jusqu'ici affirmé qu'en Droit romain, les objets sacrifiés, qu'ils portent sur le navire ou sur les marchandises, n'étaient point soumis à la contribution. Certains auteurs ne partagent pas cette opinion. Ils disent que le principe écrit dans les textes est que tous ceux qui ont profité du sacrifice doivent contribuer. Or, il n'est pas douteux que le propriétaire des marchandises jetées et le propriétaire du navire dont les accessoires ont été sacrifiés, profitent du sacrifice, puisque la perte qu'ils ont subie est réparée par la contribution de tous : « *omnium contributione sarciatur* » (l. 1). Il est donc logique que l'on fasse figurer les marchandises jetées (s'il s'agit d'un jet) dans la masse contribuable pour leur prix d'achat (l. 2, § 4), déduction faite du fret. Ce raisonnement est irréprochable, mais il dérive d'une conception toute moderne de la théorie des avaries. Telle n'était pas la doctrine romaine comme nous allons bientôt le voir. Examinons d'abord les textes invoqués à l'appui de la théorie qui soumet les objets sacrifiés à la contribution.

On argumente en premier lieu de la loi 2, § 4 ainsi conçue : *Portio autem pro æstimatione rerum quæ salvæ sunt, et earum quæ amissæ sunt, præstari solet : nec ad rem pertinet, si hae quæ amissæ sunt pluris veniri poterunt, quoniam detrimenti non lucri fit præstatio. Sed in his rebus quarum nomine conferendum est, æstimatio debet haberi, non quanti emptæ sint, sed quanti venire possunt ».* Ce texte indique simplement la façon d'évaluer les objets perdus qui figurent dans la masse créancière et les marchandises sauvées qui doivent être rangées dans la masse passive. Il ne dit pas du tout que les effets jetés doivent contribuer. L'argument tiré par Accurse de la loi 4 pr. est plus sérieux. Lorsqu'une partie de la cargaison a été placée sur des allèges qui viennent à périr, alors, « *ratio haberi debet inter eos qui in nave merces salvas habent cum his qui in scapha perdiderunt* ». Cette loi est de Paul. Elle semble, en effet, indiquer que les marchandises perdues étaient soumises à la contribution. Mais le même jurisconsulte dans ses Sentences (liv. II, tit. 7, § 4), au sujet d'une hypothèse identique (il s'agit encore d'un transbordement sur allèges) dit : « *Levandæ navis gratia merces in scapham transjectas atque ideo amissas, contributione earum, quæ in navi salvæ erunt, refici convenit* ». Entre ces deux versions de Paul, nous choisissons la dernière qui est en parfaite concordance avec les autres textes sur lesquels nous appuyons la doctrine que nous avons admise. Nous ne citerons que pour mémoire un dernier argument sans valeur tiré par les partisans de la contribution des effets jetés, de la loi 52, § 4, XVIII, 2, *Pro Socio*. Deux individus sont associés. L'un d'eux perd dans un naufrage des marchandises de la société. On décide que la perte doit être supportée par moitié par les deux associés. De même au cas de jet, dit-on, le dommage doit être réparti entre tous y compris ceux qui l'ont souffert. Cet argument d'analogie n'a absolument aucune importance, les deux hypothèses étant tout à fait différentes. Dans la loi 52, § 4 les marchandises appartiennent à une société et sont perdues dans un naufrage ; en cas d'avarie commune, au contraire, les marchandises appartiennent individuellement à différents chargeurs et sont sacrifiés dans l'intérêt commun. Il n'y a donc aucun rapport entre ces deux espèces.

La doctrine opposée compte d'éminents partisans (1). Aux considérations d'équité invoquées par ceux qui admettent la contribution, on répond que les objets sacrifiés n'étaient remboursés qu'à leur prix d'achat. Leurs propriétaires perdaient donc la *loci utilitas* d'Ulpien, le bénéfice espéré. C'est pour compenser cette perte qu'ils sont dispensés de la contribution. D'ailleurs, la loi 2 pr. dans deux passages différents, donne à entendre que le chargeur des marchandises jetées ne contribuait pas. Elle dit que ce dernier doit agir *ex locato* contre le *magister navis ;* celui-ci à son tour poursuivra *ex conducto* les *autres chargeurs* à l'effet de répartir la perte entre eux : « ... *is deinde cum reliquis, quorum merces salvæ sunt, ex conducto, ut detrimentum pro portione communicetur, agere potest* ». Plus loin, on lit : « *Æquissimum est commune detrimentum fieri eorum*

---

(1) Favre, *Pandectes*, h. l. ; Cujas, ad h. l. ; Stracca, *de Assecurationibus*, gl. 6, n° 2; Pardessus, *loc. cit.*, t. 1, p. 106, note 7.

qui, propter amissas res aliorum, consecuti sunt ut merces suas salvas haberent ». La loi 2 est non moins formelle quand elle dit dans son paragraphe 2 : « *Placuit, omnes quorum interfuisset jacturam fieri conferre oportere, quia id tributum observatæ res deberent* ». Nous avons déjà cité en faveur de notre opinion le § 4, liv. II, tit. VII des Sentences de Paul. On peut enfin invoquer un exemple d'avarie commune à Rome rapporté par Cujas et que nous rapporterons dans le paragraphe suivant. On verra que les marchandises sacrifiées ne figurent pas dans la masse contribuable. La force de cet argument vient de ce que cet exemple a été emprunté par Cujas, comme il le dit lui-même (1), à la grammaire de Gemma Phrisius. Si les objets sacrifiés avaient été soumis à la contribution il est probable que cet auteur les aurait fait figurer dans la masse contribuable.

§ 3. — *Exemple d'un règlement d'avarie commune à Rome.*

Voici en quels termes Cujas rapporte cet exemple (tom. V, c. 537, D) : « *Fac tres mercatores in eadem nave merces suas coegisse, primum, secundum, tertium, et primi merces jactas communi periculi propulsandi gratiâ, quæ emptæ erant centum secundi autem merces hodie venire posse quadringentis, tertii merces venire posse quingentis, navem autem venire posse tricentis : primi merces, quæ jactæ sunt, refici debent, et reparari secundo, cujus merces salvæ in navi remanserunt, quæ vendi possunt quadringentis, secundo, inquam, conferenti 33 et trientem, ut*

(1) Cujas, **Comment. in libro** XXXIV *Pauli ad edictum,* tome V, c. 537 D.

*ille dominus recte supputavit, tertio autem, cujus merces
vendi possunt quingentis, conferente quadragenta, et unum
et bessem et domino navis conferente 25, quæ summæ con-
summatæ efficiunt centum quæ primus amisit.*

Le tableau suivant fera mieux ressortir ce règlement :

Masse active ou créancière.	*Masse passive ou contribuable.*	
	Marchandises du 2e chargeur valant à destination...................	400
Marchandises du 1er char- geur jetées en totalité : 100	Marchandises du 3e chargeur valant à destination	500
	Valeur du navire au port de déchar- gement........................	300
	Total des intérêts ayant profité du jet............................	1200

En répartissant proportionnellement la perte entre
tous ceux qui figurent dans la masse contribuable, d'a-
près une simple règle de proportion, on arrive au résultat suivant :

La contribution du 2e chargeur est de.	33,34
Celle du 3e.	41,66
Celle du navire	25,00
Total.	100 »

On remarquera que non seulement les effets jetés ne
figurent pas dans la masse passive, mais que l'on n'y
trouve pas non plus les frais du règlement, ce qui laisse
supposer qu'il s'agit d'un règlement amiable ou que l'industrie des « dispacheurs » était inconnue à Rome. Le
fret aurait dû également être porté dans la masse contribuable.

CHAPITRE V

DES ACTIONS EN MATIÈRE D'AVARIE COMMUNE.

Lorsqu'une avarie présentant tous les caractères d'une avarie commune venait à se produire, celui qui avait souffert du sacrifice avait évidemment une action pour se faire indemniser. Mais contre qui pouvait-il la diriger? On sait qu'en Droit romain, la contribution dérive du contrat d'affrétement (V. ch. 1). Il en résulte que, le dommage ayant porté sur le NAVIRE, le capitaine ou le propriétaire du navire avait contre les différents chargeurs l'action *ex locato* ou *ex conducto* selon la distinction suivante : ou bien le navire entier a été loué par le chargeur ; dans ce cas, il y a *locatio rei*, le propriétaire est locateur, il a l'action *ex locato* ; ou bien le capitaine s'est engagé envers le chargeur à transporter ses marchandises à destination. Il y a là un contrat de transport, un louage d'ouvrage ; le chargeur est locateur, *locat opus*, le capitaine est conducteur et a l'action *ex conducto*. Cette hypothèse ne présente pas de difficulté.

Mais lorsque le sacrifice a porté sur des MARCHANDISES, il existe alors, comme on le verra, un incommode circuit d'actions. En effet, le propriétaire des marchandises perdues doit forcément diriger son action contre le capitaine avec lequel il a contracté. Celui-ci à son tour de-

vait poursuivre les propriétaires des marchandises sauvées « *ut detrimentum pro portione communicetur* ».

§ 1. — *Action des chargeurs des marchandises
sacrifiées contre le capitaine.*

Les chargeurs ont contre le capitaine l'action du contrat. Or, ce contrat peut être une *locatio rei* ou un louage
d'ouvrage (*locatio operis*). Il y aura louage de choses si
le chargeur a affrété le navire entier et louage d'ouvrage
s'il a fait un simple contrat de transport, si le chargeur
merces vehendas locavit. Cette distinction avait une
grande importance, car suivant qu'il y aura *locatio rei*
ou *locatio operis,* l'action de ce chargeur sera une action
ex locato ou une action *ex conducto.* Pour expliquer cette
différence on a cité un passage de M. Accarias (1) que
je reproduis volontiers : « Dans le louage de choses, dit-
il, le *locator* est celui qui procure à l'autre la jouissance
de sa chose ; le *conductor* est celui qui paye la *merces*. Il
semble donc que par analogie, et pour avoir une théorie
rationnelle et une, on aurait dû dans le louage d'ouvrage appeler *locator* celui qui fournit son fait et *conductor* celui qui fournit la somme d'argent. Tel est, ne
effet, le langage admis dans la *locatio operarum* ; mais,
dans la *locatio operis faciendi,* on renverse les rôles, et
par une bizarrerie que j'essayerai bientôt d'expliquer,
mais non de justifier, on nomma *locator* celui qui paye la
merces et *conductor* celui qui fournit son travail ou ses
services. Je pars de cette idée certaine que la *locatio rei*

(1) Accarias, 3ᵉ éd., *Précis de dr. com.,* t. 2, p. 487.

fut aux yeux des Romains le louage type, celui dont, autant qu'ils le purent, ils généralisèrent les règles. Ceci posé, on se rappellera que le propriétaire qui donne sa chose à bail est obligé, par voie de conséquence, de la livrer au preneur. Ce fait quoique secondaire en lui-même influa puissamment sur le langage et la théorie des Romains. Ce qui les frappe surtout dans la *locatio rei*, c'est que l'un des contractants place sa chose (*locat rem*) aux mains de l'autre, et que, par suite, celui-ci en acquiert la détention, et, si elle est mobilière, l'emporte avec soi (*conducit*). Le propriétaire est donc un *locator*, son fait est une *locatio*, et son action est dite *locati* : quant au preneur, il est *conductor*, son fait est une *conductio* et son action est dite *conducti*. Si maintenant nous passons au louage d'ouvrage, le maître parce qu'il se dessaisit matériellement est comparé au *locator rei*. Les textes disent de lui *locat opus* : par suite l'appellent *locator* et lui donnent l'action *locati*, tandis qu'ils réservent le nom de *conductor* et l'action *conducti* à la partie qui fournit son travail pour de l'argent ».

Il sera souvent difficile de déterminer le caractère du contrat conclu entre les intéressés. Afin de ne pas s'exposer à perdre le bénéfice de son action par suite d'une fausse qualification, Papinien conseille, en cas d'incertitude, d'intenter une action *in factum : « Domino mercium in magister navis, si sit incertum, utrum navem conduxerit, an merces vehendas locaverit, civilem actionem in factum esse dandam Labeo scribit »* (l. 1, § 1, XIX, 5). Pardessus (1) accorde aussi au chargeur l'action *ex recepto*

(1) Pardessus, *Lois mar. antér. au XVIIIe s.*, tome 1, p. 104, note 5.

(D. liv. IV, tit. IX) contre le capitaine pour le contraindre à rendre ce qui lui a été confié, et Govare (1) estime
que l'on peut intenter également les actions *depositi* et
mandati.

Certains auteurs ont prétendu que les chargeurs avaient
une action directe les uns contre les autres. Cette opinion
est partagée par Pardessus (t. 1, p. 105, note 6) qui se
fonde sur une loi de Paul ainsi conçue : « *At, si... totam
navem conduxerit, magister navis ex conducto aget, sicut
vectores qui loca in nave conduxerunt* ». Pagenstescher
va même jusqu'à donner à cette action le nom de *condictio ex lege Rhodiâ*. Nous avons déjà réfuté cette doctrine dans le chapitre 1er. Il semble en effet impossible
de soutenir que les chargeurs ont une action directe les
uns contre les autres en présence des termes formels de
la loi 2, pr., h. t. Un second argument péremptoire, à
mon avis, se tire de la loi 14 pr. XIX, 5 *Præscriptis verbis*. Ce dernier texte décide que le chargeur qui jette à
la mer les marchandises d'autrui est à l'abri de toute
action des propriétaires lésés à moins qu'il n'ait commis un dol ou tout au moins une faute. Cela laisse supposer que dans le cas où le jet n'aurait été précédé ni
d'un dol ni d'une faute, l'action directe du chargeur
n'existerait pas.

Il est une hypothèse non prévue au Digeste qui peut
présenter quelques difficultés. Supposons que le propriétaire des marchandises sacrifiées, après avoir loué
le navire entier ait consenti des sous affrétements. Il y a

(1) Govare, *Traité des avaries communes*, p. 78 et 75.

là deux contrats dans lesquels il joue le rôle de *conductor*. En effet, le contrat d'affrétement entre le propriétaire du navire (*locator*) et l'affréteur principal (*conductor*) est une *locatio rei*. Les sous affrétements consentis par ce dernier constituent une *locatio operis* ; les sous affréteurs ont par conséquent l'action *ex locato*, car *locaverunt opus, merces vehendas locaverunt*, et l'affréteur principal a l'action *ex conducto*. L'affréteur principal joue donc le rôle de *conductor* dans les deux contrats. En supposant qu'une partie de ses marchandises aient été sacrifiées dans l'intérêt commun, contre qui devra-t-il diriger son action ? Il ne pourra pas poursuivre d'abord le capitaine pour que celui-ci se retourne ensuite contre les autres chargeurs. Le patron n'a pas, en effet, contracté avec ces derniers. Il n'existe entre eux aucun lien d'obligation. Par suite, l'affréteur principal dans cette hypothèse spéciale devra intenter directement son action *ex conducto* contre les autres chargeurs pour les contraindre à supporter leur part contributive.

§ 2. — *Action du capitaine contre les autres chargeurs et droit de rétention.*

Le capitaine qui a été touché par l'action de la victime du sacrifice va actionner à son tour les autres chargeurs « *ut detrimentum pro portione communicetur* » (l. 2 pr.). Suivant une distinction semblable à celle que nous avons établie pour les chargeurs, il aura l'action *ex locato* s'il y a *locatio rei*, c'est-à-dire si les divers affréteurs ont loué une quote-part du navire. L'action du capitaine

contre les autres chargeurs prendra au contraire le nom
d'action *ex conducto* lorsque ces derniers auront fait un
simple contrat de transport, car dans la *locatio operis*,
c'est le chargeur, comme nous l'avons vu, qui est *locator* : *locat opus, locat merces vehendas* ; le propriétaire du
navire, le patron joue le rôle de *conductor*.

Le capitaine du navire a non seulement l'action du
contrat pour contraindre ceux qui ont profité du sacrifice à supporter leur part contributive, mais aussi un
droit de rétention dont il peut ne pas user. La loi 2 pr.
accorde aux chargeurs des marchandises jetées, une
action *ex locato* pour l'obliger à l'exercer : « Servius
dit qu'on doit agir contre le capitaine par l'action *ex locato* pour le faire retenir les marchandises sauvées jusqu'à ce que les pertes soient réparées ». L'exercice du
droit de rétention présente plusieurs avantages : c'est
d'abord une sûreté réelle, garantie nouvelle du paiement de la part contributive de celui dont la chose aura
été retenue. De plus, comme le fait remarquer Cujas (1),
le capitaine, de demandeur qu'il était, devient défendeur. Or, *favorabiliores sunt rei potius quam actoris*.
Malgré ces avantages très réels, le capitaine peut négli-
ger d'exercer ce droit ; il peut être même dans l'impossibilité de l'exercer si les chargeurs ou passagers (*vectores*) n'avaient avec eux que des bijoux par exemple.
Ces objets précieux ne peuvent faire l'objet d'un droit de
rétention, car on n'en peut dépouiller de vive force les
propriétaires, et pourtant ils sont soumis à la contribution (l. 2, § 2). Il est certain, dit Paul, qu'il est préféra-

(1) Cujas, in lib. XXXIV, *Pauli ad edictum*, tome V.

ble d'user du droit de rétention si on le peut : « *Plane commodius est, si sint, retinere eas* » ; mais, si cela n'est pas possible parceque les chargeurs ont conservé sur eux les choses précieuses qui ont été sauvées ; si, d'autre part, le propriétaire des marchandises perdues a loué le navire entier (ce qui suppose qu'il a consenti des sous-affrétements), il aura contre ces chargeurs l'action *ex conducto*, comme il l'aurait contre les passagers qui auraient loué des places dans le navire. C'est ce que dit la loi 2 pr. : « *Plane commodius est, si sint, retinere eas. At si non et totam navem conduxerit, ex conducto aget, sicut vectores qui in loca nave conduxerunt* ». Avec cette façon de traduire, nous ne modifions pas le texte. Nous ne lisons pas « *et si non totam navem conduxerit* », comme le propose Cujas (1), ni « *ex locato* » au lieu de « *ex conducto* » comme le voudrait Pardessus (2).

Enfin, une dernière question est posée par Paul dans ce même fragment. Le capitaine qui a usé de son droit de rétention conserve-t-il l'action du contrat? Oui, décide le jurisconsulte : « *Imo, etsi retineat merces magister, ultro ex locato habiturus est actionem cum vectoribus* ». Certains commentateurs et notamment Pothier sont partisans de la négative « *etsi* non *retineat* » contenue dans les Pandectes Florentines. Nous repoussons cette modification avec Cujas et Pardessus (3). En effet, la question de savoir si le patron conservait l'action du contrat lorsqu'il n'avait pas usé du droit de rétention ne pouvait

---

(1) Cujas, *Observ.*, lib. III, cap. II et lib. XXI, cap. XXII.
(2) Pardessus, *loc. cit.*, t. 1, p. 105, n° 5.
(3) Cujas, *Observ.*, lib. III ; Pardessus, t. 1, p. 105, n° 1.

présenter un doute sérieux. Au contraire, en retenant
« *etsi retineat* » les marchandises des chargeurs ou les
bagages des passagers, aura-t-il encore l'action du contrat ? « C'était peut-être, dit Pardessus, ce qui, dans les
principes du droit romain, présentait matière à quelque
doute et le jurisconsulte décide la question affirmati-
vement ».

§ 3. — *Responsabilité du capitaine en cas d'insolvabilité des intéressés.*

Le capitaine du navire n'est tenu qu'à agir contre les
chargeurs ou à céder les actions qu'il possède contre eux,
car, dit Pardessus (1), celui qui n'est tenu que parce
qu'il a une action se libère en la cédant. Mais si l'un des
chargeurs est insolvable, qui devra supporter cette insolvabilité ? Ce ne sera pas le capitaine, dit la loi 2, § 6
h. t., car il n'est pas obligé d'examiner quelle est la fortune de ceux qui s'embarquent sur son vaisseau : « *Si
quis ex vectoribus solvendo non sit, hoc detrimentum ma-
gistri navis non erit : nec enim fortunas cujusque nauta
excutere debet* ». Mais le capitaine répond de sa négligence pour n'avoir pas exercé le droit de rétention que
lui accorde la loi, 2 pr. Il n'est que juste qu'il supporte
les conséquences de sa faute. Ce tempérament à la rigueur du principe de l'irresponsabilité du capitaine est
admis par Pardessus (p. 107, n. 1) et par Pothier (*hac*

---

(1) Pardessus, t. 1, p. 107 n. 1 cite à l'appui de cette affirmation le fr. 16,
tit. III, liv. V, D. *De heredit. petit.* ; le fr. 51, tit. 1, liv. XV, *De peculis*,
et le § 3 du fr. 2, tit. IV, liv. XVIII, *De hereditate vel actione vendita.*

lege, § 6). L'insolvabilité de l'un des chargeurs doit être répartie entre tous les intéressés. C'est en quelque sorte un risque accessoire des avaries communes.

§ 4. — *De l'action* oneris aversi.

On a soutenu (1), que l'action *oneris aversi* dont parle Alfénus au paragraphe 31, liv. XIX, tit. 2 n'était autre que l'action en contribution pour avaries communes. Nous croyons, au contraire, que l'espèce prévue par le jurisconsulte est absolument étrangère à la matière des avaries. « Le navire de Sauféius est chargé d'une certaine quantité de blé appartenant à différents propriétaires. Ce blé n'a point été enfermé par chacun de ces propriétaires dans des sacs ou enveloppes marqués de quelque signe distinctif ; en un mot, tout le blé des chargeurs a été mêlé. Sauféius livre à l'un de ces chargeurs une quantité égale à celle que ce chargeur avait mise dans le navire. Le surplus du blé périt ensuite par force majeure. On demande si les autres chargeurs ont le droit de poursuivre le patron Sauféius comme ayant détourné ou volé ce qui avait été chargé dans son navire : « *Quæsitum est an cæteri pro sua parte frumenti cum nauta agere possunt* oneris aversi *actione* ». Le jurisconsulte a répondu : il y a deux espèces de *locatio operis* : ou bien on doit rendre la chose elle-même, comme lorsqu'on a donné des vêtements au foulon pour les nettoyer ; ou bien on est tenu de rendre une chose du même genre ;

---

(1) Verneaux, thèse 1887. *Des act. qui nais. à l'occas. des transports marit. en dr. rom.*

par exemple, vous avez confié de l'argent à un orfèvre
pour en faire un vase ou de l'or pour en faire des an-
neaux. Dans le premier cas, la chose reste la propriété
du maître ; dans le second, il n'a plus qu'une créance.
Il en est de même en cas de dépôt, si c'est une somme
comptée et non renfermée et cachetée qui est déposée,
le dépositaire doit rendre seulement une somme égale.
C'est ainsi que le blé est devenu la propriété de Sauféius et la livraison qu'il en a faite est irréprochable.
Que si le blé a été renfermé dans des sacs, le propriétaire du blé indûment livré aura l'action en revendication, mais non l'action *oneris aversi*. Cette dernière action n'est accordée au chargeur que dans le cas où le blé
ayant été confondu, le patron (*nauta*) en est devenu propriétaire, par conséquent débiteur d'une quantité égale
et qu'il a commis une faute dans la livraison. Or, il n'y
a pas eu faute de sa part à livrer à l'un des chargeurs
la quantité qui lui était due, car il fallait bien commencer par quelqu'un. Peu importe que la condition de
celui-là ait été meilleure que celle des autres ».

Nous n'avons pas à rechercher si le dilemme presenté
par Alfénus est exact, et si les jurisconsultes romains
ont jamais admis qu'un patron à qui du blé était confié
pour le transporter dans un lieu, en devenait propriétaire à charge d'en rendre pareilles quantité et qualité.

Nous n'avons pas à nous étendre davantage sur le caractère de l'action *oneris aversi*. Les interprètes du Droit
romain sont loin d'être d'accord sur ce point (1).

La question que nous devons trancher est la suivante :

(1) **Pardessus**, t. 1, p. 111, n° 2.

l'action *oneris aversi* est-elle l'action en contribution
pour avarie commune? M. Basset (1) rejette l'opinion
de M. Verneaux en se fondant sur ce que cette action
n'est accordée dans le texte qu'en cas de faute du patron
« *conductorem culpam duntaxat deberi.... culpam deberi* ». Nous avons admis au contraire qu'il n'est nullement démontré en Droit romain que la faute du patron
précédant le sacrifice soit un obstacle à la naissance
d'une avarie commune.

La vérité est que dans l'espèce prévue par Alfénus,
la question de savoir s'il y a avarie commune ne se
pose pas. Non seulement nous ne trouvons dans cette
hypothèse aucun des caractères distinctifs de l'avarie
commune, mais le jurisconsulte ne paraît même pas
s'être préoccupé d'une répartition possible entre les
chargeurs. Alfénus ne s'occupe que des rapports des
chargeurs à l'égard du patron et non des rapports des
chargeurs entre eux : *Quæsitum est an cæteri pro sua
parte frumenti* cum nauta *agere possunt* oneris aversi actione. C'est sur ce dernier point si délicat qu'il eût été
désirable de connaître l'opinion du jurisconsulte. Peut-
on enfin supposer que si l'action *oneris aversi* eût été
l'action en contribution pour avarie commune on n'en
fît aucune mention au siège même de la matière, au titre *De lege Rhodiâ de jactu*? C'est bien plutôt, comme le
pense Cujas (*Observ.*, lib. VII, cap. XL), une action *furti
adversus nautas*.

(1) Basset, thèse, Paris 1889.

DROIT FRANCAIS

DU

SAUVETAGE ET DE L'ASSISTANCE MARITIME

ÉTUDE DE DROIT COMPARÉ

INTRODUCTION

Les documents relatifs au sauvetage dans l'ancienne France ne remontent pas au delà du X⁰ siècle. Il est probable que le droit romain fut appliqué jusqu'à cette époque. Les lois romaines distinguaient deux hypothèses (1): celle où les objets naufragés pouvaient être considérés comme sans maître, et celle où ces objets étaient susceptibles d'être revendiqués par leurs propriétaires. Dans le premier cas, ils appartenaient au premier occupant ; dans le second, les propriétaires pouvaient intenter contre les possesseurs l'action en revendication, l'action de vol ou l'action prétorienne au quadruple (Pardessus, p. 78). Le fisc n'avait aucun droit sur ces objets. Cela ne peut être mis en doute, au moins depuis

(1) Pardessus, *Lois maritimes antér. du* XVIII⁰ s., t. 1, p. 77.

la constitution de Constantin (1) qui décide formellement
que le fisc ne doit pas s'enrichir par la misère et la ruine
des citoyens : *Si quando naufragio navis expulsa fuerit
ad littus, vel si quando aliquam terram attigerit, ad domi-
nos pertineat. Quod enim jus habet fiscus in aliena cala-
mitate, ut de re tam luctuosa compendium sectetur.* Rien
n'indique que les successeurs de Constantin aient introduit d'autres principes dans la législation romaine ; le
contraire est même attesté par une constitution des em-
pereurs Honorius et Théodose (2) de l'an 412.

Ce dût être le système suivi en Gaule jusqu'aux inva-
sions des habitants du Nord sur les côtes et plus tard
dans l'intérieur de la France. Pendant tout le dixième
siècle, des hordes de déprédateurs ravagèrent successivement les côtes de Neustrie, de Bretagne et d'Aquitaine, si bien que durant cette longue période, le droit
de s'emparer des effets naufragés s'établit au profit des
populations du littoral comme une conséquence forcée
de l'état habituel d'hostilité.

Le système féodal qui s'était développé dans ces temps
troublés vint modifier ce nouvel état de choses. Les
grands vassaux dont les domaines touchaient à la mer,
prétendant à la souveraineté la plus étendue de leurs
fiefs s'attribuèrent le profit des naufrages sous le nom
de *droit de bris*. Les choses naufragées furent considérées comme objets sans maître (que leurs propriétaires
se fussent sauvés ou qu'ils eussent péri), appartenant
non plus au premier occupant, mais au seigneur du lieu.

(1) Const. 1, Code. *De naufragiis*, XI, 5.
(2) Const. 5, C. XI, 5.

Les coutumes locales consacrèrent ce droit. D'Argentré nous apprend que la coutume de Bretagne dépouillait les naufragés de la totalité de ce qui échouait à la côte. Si l'on en croit Cleirac (1), sur les côtes d'Aquitaine, les objets naufragés étaient partagés par tiers entre le propriétaire, le sauveteur et le seigneur de l'endroit. En Normandie seulement, on n'admit pas cette espèce de confiscation légale ; l'article 16 de l'ancienne coutume de cette province accordait aux propriétaires le droit de réclamation pendant un an et un jour.

De bonne heure cependant, une réaction violente se produisit contre une législation aussi injuste. Un article des jugements d'Oléron attribué à Éléonore de Guyenne indique avec une sauvage énergie les peines auxquelles doivent être condamnés les pilotes qui dans leur propre intérêt font échouer ou périr le navire. Si le coupable est le seigneur du lieu, « lors, ledict seigneur doibt estre prins, et tous ses biens venduz et confisqués en œuvres piteables, pour faire restitution à qui il appartiendra ; et doibt estre lié à une esteppe en meillieu de sa maison, et puys on doibt mettre le feu ès quatres cornières de sa maison, et faire tout brusler, et les pierres des murailles jecter par terre, et là faire la place et le marché pour vendre les pourceaulx à jamais perpétuellement. C'est le jugement ». M. Pardessus (t. 1, p. 318) ne voit dans ces articles que les imprécations d'un homme de bien indigné qui croyait ne pouvoir souhaiter trop de mal aux auteurs de pareils crimes. Il est difficile, dit-il, de croire qu'on se fut exprimé ainsi à une

---

(1) *Us et Coutumes de la mer*, sur l'article 26 des Rôles d'Oléron.

époque où le droit des seigneurs du territoire de confis-
quer les effets naufragés était avoué par les lois. Quoiqu'il en soit, la religion éleva la voix contre ces coutumes barbares. Le concile de Nantes tenu en 1127 les
condamne en termes formels ; le concile de Latran (1179)
frappe d'excommunication tous ceux qui s'emparent des
objets échappés du naufrage, et bientôt la bulle *In cœna
domini* renouvelle cet anathème. Saint-Louis à son tour
essaie d'adoucir cet odieux usage. Par un traité de 1231
avec le duc de Bretagne, Pierre de Dreux, il obtient la
transformation du droit de naufrage de celui-ci en rede-
vances pécuniaires affranchissant les navigateurs de la
confiscation des choses sauvées. Malgré ces généreux
efforts, le principe de la confiscation devait subsister
jusqu'au XVIe siècle. Ce qui le prouve, c'est qu'en 1465
et en 1469 (1), Louis XI énonce les droits de naufrage
au nombre de ceux qui composent l'apanage de son
frère. L'ordonnance de 1543 (2) renversait cependant
la législation antérieure. Les articles 11 et 12 accordent
aux naufragés le droit de recouvrer leurs propriétés à la
condition de les réclamer dans l'an et jour. Les ordonnances de 1584, de 1629 (art. 447), de 1681 (liv. IV,
tit. IX, art. 24), reproduisent ces dispositions. D'après
Valin, ce n'est qu'à partir de cette dernière ordonnance
que les droits des propriétaires furent entièrement con-
sacrés. « Il était réservé à Louis XIV, dit-il, de mettre
la main à ce grand ouvrage, et il fallait que le respect
qu'on ne pouvait refuser à l'équité de ses lois en géné-

---

(1) *Ordonnances du Louvre*, t. XVI, p. 395 et XVII, p. 210.
(2) *Anciennes lois françaises* (Isambert), p. 854.

ral et la crainte d'encourir son indignation achevassent
ce que les seules lumières naturelles et la voie de la justice auraient dû pleinement opérer et qu'elles n'avaient
pu néanmoins que faiblement ébaucher. »

L'ordonnance de 1681 ne se contente pas comme les
précédentes de maintenir aux propriétaires leur droit de
propriété sur les effets sauvés du naufrage sous la déduction d'un certain prix fixé à forfait pour le service rendu,
elle prescrit encore le secours aux *personnes* en danger
de faire naufrage (art. 2). Malheureusement, elle ne dit
pas un mot du secours au *navire* en danger, de ce que
l'on appelle aujourd'hui l'assistance maritime. C'est là
incontestablement une lacune regrettable qui a été com-
blée en partie par un décret du 29 août 1854 (art. 15)
et par la loi du 10 mars 1891. Déjà une ordonnance du
7 avril 1837 portant règlement du quartier de Cherbourg
contenait dans son article 11 une disposition dont le
principe fut reproduit par les règlements postérieurs et
notamment par le décret de 1854. C'est là qu'apparaît
pour la première fois l'idée de l'obligation d'assistance.
Cet article 11 est ainsi conçu : « Dans le cas où des bâ-
teaux pêcheurs rencontreraient un navire en danger de
naufrage qui n'aurait pu être secouru par des pilotes,
ou si le secours de ceux-ci se trouvait insuffisant, il est
enjoint auxdits pêcheurs de donner au navire en péril
toute l'assistance possible. Il leur est alloué une rétribution proportionnée au service rendu, sans égard aux
droits de pilotage ; cette rétribution sera fixée par le tribunal de commerce du ressort ». Le devoir d'assister
tout navire en danger est donc proclamé ; le droit à la

rémunération est consacré ; mais cela est insuffisant. Il
manque une sanction à cette injonction. La loi du 10 mars
1891 comble cette lacune, mais bien incomplètement,
car la sanction pénale n'est établie par cette loi que pour
le défaut d'assistance à la suite d'un abordage. On peut
donc encore aujourd'hui refuser de prêter assistance à
un navire en danger, lorsque ce danger ne résulte pas
d'une collision. C'est le principe admis dans certains
pays étrangers (Angleterre, États-Unis). D'autres nations
ne sanctionnent même pas le refus d'assistance à la suite
d'un abordage. Il en est ainsi notamment en Belgique.
Par contre, en Italie, aux Pays-Bas et même en Autriche
depuis une ordonnance de 1880, le capitaine qui rencontre un navire quelconque, étranger ou national, en
péril de se perdre, doit accourir à son aide et lui prêter
toute assistance possible. Faute de se conformer à ces
prescriptions, il encourt des déchéances graves et des
pénalités plus ou moins sévères.

La législation des divers pays en matière de sauvetage
et d'assistance est loin d'être uniforme. Le cadre de
cette étude ne nous permettant pas de parler de tous les
pays, nous consacrerons un chapitre au sauvetage et à
l'assistance maritime dans les principales législations
étrangères en réservant la première place, le premier
chapitre, à la législation française. Dans un troisième
chapitre, nous chercherons la solution des conflits de
lois qui peuvent s'élever soit à l'occasion du sauvetage,
soit à l'occasion de l'assistance par suite de la divergence
de ces législations, et en terminant, nous nous deman-
derons quel peut être le meilleur système législatif en
matière d'assistance maritime.

CHAPITRE PREMIER

LÉGISLATION FRANÇAISE.

SECTION I. — **Du sauvetage.**
(Ordonn. de 1681, déclaration de 1735, art. 246 Com.)

L'ordonnance de la marine prévoit deux cas différents de sauvetage : 1° sauvetage d'un navire naufragé ou échoué ; 2° prise de possession d'effets naufragés trouvés en pleine mer ou tirés de son fond. Il en existe un troisième : c'est le renflouement d'un navire naufragé en pleine mer ou à la portée des côtes, ou à l'entrée d'un port de mer « sans qu'il en reste aucun vestige permanent sur la surface des eaux ». Ce cas est réglé par la déclaration de 1735 complétée par la loi du 12 août 1885 qui a ajouté un paragraphe nouveau à l'article 216 du Code de commerce. Examinons successivement chacune de ces trois hypothèses.

§ 1. — *Des 3 cas de sauvetage.*

A. Du sauvetage après naufrage ou échouement.

Cette hypothèse ne présente guère de difficulté. Elle suppose un navire naufragé ou échoué *sur le rivage*, sans quoi elle se confondrait avec la situation prévue par la déclaration de 1735. Elle suppose, en outre, un

échouement *avec bris*, car si le navire n'avait subi aucune
détérioration et qu'il ait pu être ramené en haute mer
avec l'aide d'un remorqueur par exemple, il y aurait
assistance et non sauvetage. Dans le cas prévu par l'Ordonnance, le sauvetage s'opère par les soins des intéressés ou de l'administration de la marine (1) (art. 6 et
art. 17). L'ordonnance avait confié aux amirautés qui
réunissaient à la fois les attributions judiciaires et ad-
ministratives, le soin de présider aux affaires de sauvetage. Aujourd'hui, ces attributions sont divisées : les
premières ont été dévolues aux tribunaux de commerce,
les secondes aux commissaires de l'inscription maritime.
D'après le règlement général du ministère de la marine
du 7 novembre 1866 les commissaires aidés des syndics
des gens de mer qui eux-mêmes ont sous leurs ordres
les gardes maritimes sont chargés, toutes les fois que
l'occasion se présente, de procéder aux opérations de
sauvetage. Dès qu'un naufrage se produit, les habitants
sont tenus d'avertir les officiers de l'Amirauté (art. 3),
aujourd'hui les commissaires de l'inscription maritime
qui se transportent immédiatement sur les lieux afin de
procéder au sauvetage (2) (art. 6). Mais, dit l'ordonnance
de 1681, « si lors de l'échouement (il faut ajouter ou du

---

(1) Dufour, *Droit maritime*, p. 354.

(2) Lorsqu'un navire français ou anglais fait naufrage ou échoue, le navire français sur les côtes d'Angleterre, le navire anglais sur les côtes de
France, les autorités locales doivent en donner avis aux agents consulaires de ces pays afin que ceux-ci prennent la direction des opérations du
sauvetage. (art. 1 et 2 du décret du 22 nov. 1889 approuvant la déclaration
signée à Paris le 23 oct. 1889 relative à la liquidation des sauvetages des
navires naufragés sur les côtes de France et d'Angleterre. — *Journal officiel* du 27 nov.).

naufrage comme le fait remarquer Valin) les propriétaires ou commissaires auxquels les marchandises sont
adressées par les connaissements ou ceux qui les auront
chargées se présentent pour y mettre ordre eux-mêmes,
enjoignons aux officiers de l'Amirauté de se retirer et de
leur laisser la liberté entière d'y pourvoir » (Art. 17,
liv. IV, tit. IX, ordon. de 1681).

Lorsqu'un navire est naufragé ou échoué, la loi met
certaines obligations à la charge du capitaine et des
commissaires de l'inscription maritime et détermine les
personnes qui doivent travailler au sauvetage. Voyons
quelles sont ces obligations et quelles sont ces personnes.

a) *Obligations du capitaine et des commissaires de l'inscription maritime.*

L'article 241 du Code de commerce met à la charge
du capitaine l'obligation « de sauver avec lui l'argent et
ce qu'il pourra des marchandises les plus précieuses de
son chargement ». Il doit aussi, tout le monde est d'accord sur ce point, chercher à sauver les papiers du bord.
Le projet de 1867, qui n'a pas abouti, formulait expressément ce devoir. Mais ce n'est pas la seule obligation
du capitaine au cas de naufrage ; l'article 246 du Code
de commerce lui prescrit encore de faire son rapport au
juge du lieu, rapport qui doit être vérifié par ceux de
l'équipage qui se seraient sauvés avec lui.

Quant aux commissionnaires ou administrateurs de
l'inscription maritime, ils doivent, d'après le règlement
général de 1866 (art. 12) qui est venu rajeunir l'article 6
de l'ordonnance de 1861, au premier avis d'un naufrage
se transporter sur les lieux pour opérer le sauvetage

des personnes et des effets naufragés. Enfin, ils sont tenus de faire une enquête sur les causes du naufrage, et
d'en transmettre le procès-verbal au ministre de la marine (1).

b) *Qui doit travailler au sauvetage ?*

Les personnes obligées d'après la loi, d'opérer le sauvetage sont : le capitaine (241, Com.), les gens de l'équipage (261, Com.), l'assuré (art. 381).

Nous avons vu précédemment les obligations impo-
sées au capitaine par l'article 241 du Code de commerce.

L'article 261 est moins formel en ce qui concerne les
gens de l'équipage. Il règle seulement le salaire qui leur
revient lorsqu'ils ont concouru au sauvetage, car ils
n'ont plus droit à leurs loyers. Comme l'a dit M. Desjardins (2), ils sont alors rémunérés « non comme ma-
telots, mais comme sauveteurs ». La loi allemande du
27 décembre 1872 (art. 32) est bien plus précise : elle
impose aux gens de mer l'obligation de travailler au
sauvetage moyennant la continuation de leurs loyers et
leur nourriture. Mais si, dans notre droit, les gens de
mer ne sont pas obligés légalement de travailler au sauvetage, en fait ils y ont intérêt, car « les débris du navire et le fret des marchandises sauvées leur sont affec-
tés » (3). On peut ajouter que cet intérêt est d'autant
plus grand aujourd'hui que la loi du 12 août 1885
(art. 258 nouveau) permet aux tribunaux de statuer sur
la suppression ou réduction des loyers des gens de l'é-

---

(1) Valroger, *Droit maritime*, t. 1, p. 54.
(2) Desjardins, *Droit maritime*, t. 3, n° 719.
(3) Lyon-Caen et Renault, *Précis de Dr. commercial*, II, p. 107, note 1.

quipage, au cas où « ils n'ont pas fait tout ce qui était
en leur pouvoir pour sauver le navire, les passagers et
les marchandises, ou pour recueillir les débris ».

Parmi les personnes tenues d'opérer le sauvetage,
figure l'assuré. Son obligation est écrite dans l'article 381
du Code de commerce. Pour qu'il n'essaie pas de s'en
affranchir dans la crainte d'être considéré par là même
comme ayant renoncé à la faculté de délaisser entre les
mains de l'assureur, la loi le rassure en disant qu'il devra procéder au sauvetage « sans préjudice du délaissement à faire en temps et lieu ». Quelle est la sanction
de l'inobservation de cette prescription? Ce n'est certainement pas la résiliation de l'assurance, mais comme
les effets du délaissement remontent rétroactivement au
jour du sinistre, l'assureur aura par le fait éprouvé un
préjudice dont il pourra demander réparation à l'assuré.
C'est du reste ce qu'a décidé le tribunal de commerce
de Nantes (1). D'après ce jugement, le délaissement
des objets assurés doit être validé, bien que l'assuré ait
manqué à l'obligation qu'il avait contractée dans la police et qui lui est imposée par la loi (art. 381, Com.), de
faire ses efforts pour sauver les objets assurés. L'inexécution de cette obligation donne seulement lieu à des
dommages-intérêts de la part de l'assuré envers l'assureur.

(1) Trib. de com. de Nantes, 13 août 1887, *Rev. internat. Dr. maritime*,
t. 4, p. 46.

B. Prise de possession d'« effets naufragés trouvés en pleine
mer ou tirés de son fond » (art. 27, ord. 1681).

Ce second cas de sauvetage présente des particularités
assez notables. Et d'abord, détachons les deux espèces
qui y sont comprises. Les effets naufragés peuvent être
a) trouvés en pleine mer, ou b) tirés de son fond.

a) *Effets naufragés trouvés en pleine mer. Conditions
requises pour qu'il y ait sauvetage dans ce cas. Quand
peut-on dire qu'un navire est abandonné.*

A quelles conditions l'article 27 sera-t-il applicable ?

1° Il faut d'abord qu'il s'agisse d'effets *naufragés*, et
comme il arrivera souvent que *l'effet* trouvé en pleine
mer sera un navire, quand pourra-t-on dire qu'un navire
est naufragé ? Un navire naufragé est celui qui est abandonné de son équipage et qui erre sans direction à la
merci des vents et de la mer. Dans ce cas, le naufrage
n'est pas consommé, mais il n'en est pas moins, comme
le fait remarquer Valin, *inévitable*. Cette réponse soulève
une difficulté : puisqu'un navire est réputé naufragé lorsqu'il est abandonné de son équipage, quand est-ce qu'un
navire sera réputé abandonné ? La Cour de Rouen (1) a
donné à cette question la meilleure solution que l'on pût
trouver. « Attendu, dit la Cour, qu'en parlant d'effets
naufragés trouvés en pleine mer ou tirés de son fond
c'est-à-dire abandonnés par leur propriétaire ou tout à
fait échappés à son action et à son pouvoir, l'intention
évidente du législateur a été que, quelque fût l'état auquel un navire pouvait se trouver réduit, on ne devait

(1) Cour de Rouen, 2 décembre 1840 ; *Recueil de Rouen*, 1840, p. 485.

pas le considérer comme abandonné tant que le capitaine ou quelqu'un de ses représentants étaient restés à bord, avaient encore les moyens ou de faire quelques manœuvres ou quelques tentatives de salut, ou d'appeler des secours, ou de faire des signaux de détresse ; mais que le législateur n'a pu vouloir entendre qu'un navire n'était point abandonné parce qu'on verrait à son bord des cadavres ou des hommes devenus tout à fait incapables de tenter le moindre effort ou de manifester une volonté, sur le point en un mot de rendre le dernier soupir ».

2° La seconde condition indiquée par le texte est la suivante : il faut que les effets naufragés soient *trouvés* en pleine mer. La rencontre fortuite est un élément indispensable pour qu'il y ait sauvetage au sens de l'article 27 de l'ordonnance. Cet article ne serait donc pas applicable au cas où il resterait encore un homme de l'équipage à bord du navire sauvé et où le sauveteur a été appelé par les signaux de détresse que faisait ce marin (1).

3° Il faut que la trouvaille ait lieu en *pleine mer*. Quant au point de savoir si le navire se trouvait ou non en pleine mer, c'est là une question de fait laissée à l'appréciation des tribunaux (2). La Cour d'appel d'Alger dans un arrêt récent du 22 novembre 1890 (3) a reconnu la nécessité de cette troisième condition. « Aux termes de l'ordonnance de 1681 (art. 24, liv. IV, tit. IX) le sauveteur d'un bâtiment naufragé n'a droit au tiers de la

---

(1) Cour de Rennes, 22 mai 1867; *J. de Jurisp. de Marseille*, t. 47, 2. 49 ; Cour d'Aix, 23 mars 1868, Sirey, 1869, 2. 126.

(2) Cour de Rouen, 2 déc. 1840, *Recueil de Rouen*, 1840, p. 485.

(3) Cour d'Alger, 22 nov. 90, R. I. D. M., t. 6, p. 538.

valeur dudit bâtiment que dans le cas où le sauvetage a été opéré en *pleine mer*. Le sauveteur d'un navire échoué sur les côtes ne peut réclamer qu'une simple indemnité proportionnée à la peine prise et au service rendu ».

4° Un quatrième élément est nécessaire pour qu'il y ait sauvetage (1), les effets naufragés et spécialement s'il s'agit d'un navire, le navire doit avoir été *réellement* sauvé, c'est-à-dire amené au port ou mis en lieu sûr (2). Il est bien évident, en effet, que si la chose n'a pas été sauvée, il n'y a pas sauvetage. La Cour de Rouen (3) a fait l'application de ce principe dans l'espèce suivante : Des pêcheurs avaient rencontré en mer un navire abandonné qu'ils avaient essayé de ramener au port. Après lui avoir donné la remorque pendant un certain temps, ils durent requérir le concours d'un remorqueur. Dans ces conditions, les pêcheurs soutenaient que seuls ils avaient sauvé le navire et qu'ils n'avaient à payer au vapeur qu'un simple droit de remorquage. La Cour de Rouen repoussa leur prétention et décida qu'ils avaient tous concouru au sauvetage.

b) *Effets naufragés tirés du fond de la mer.*

Le mot « effet » à raison de sa généralité comprend aussi bien les navires que les objets quelconques tirés du fond de la mer. Mais depuis la déclaration de 1735, on ne doit plus considérer les navires comme compris sous cette dénomination. Voici pourquoi : l'article 2 de la dé-

---

(1) Desjardins, *loc. cit.*, n°ˢ 94 et 95 ; Dufour, *loc. cit.*, t. 1, p. 360.
(2) Rennes, 22 mai 1867 ; Sirey, 68. 2. 114.
(3) Rouen, 18 mars 1852 ; *Recueil de Rouen,* 52. 1. 81.

claration édictant des règles spéciales en ce qui concerne les navires naufragés en pleine mer où à la portée des côtes « sans qu'il en reste aucun vestige permanent sur la surface des eaux », il y a lieu, je crois, de distinguer les navires de tous autres objets tirés du fond de la mer que l'on peut désigner sous ce nom on ne peut plus compréhensif d' « effets ». Cette distinction est très importante, car la rétribution allouée au sauveteur dans ces deux cas n'est pas la même. Si l'effet naufragé tiré du fond de la mer n'est pas un navire (art. 27 de l'ordonnance) le sauveteur aura droit au tiers de sa valeur ; si au contraire c'est un navire, il aura droit sous certaines conditions que nous allons bientôt examiner aux huit dixièmes de la valeur du navire sauvé (déclar. de 1735).

C. Renflouement d'un navire naufragé en pleine mer ou à la portée des côtes « sans qu'il en reste aucun vestige permanent sur la surface des eaux » (déclar. de 1735) ou à l'entrée d'un port de mer (art. 216, Com. complété par la loi du 12 août 1885).

Un navire naufragé près des côtes est un danger permanent pour la navigation. Ce danger est bien plus grand lorsque le naufrage a eu lieu à l'entrée d'un port. Il est donc indispensable dans l'intérêt général de procéder sans retard au renflouement ou à la destruction de l'épave. Il se peut du reste que le navire ait une grande valeur et que le propriétaire ait intérêt à le relever. Quels sont alors les droits des sauveteurs ? leurs obligations ? Dans quel délai devront-ils opérer le relèvement du bâtiment ? La solution de ces diverses questions se trouve dans la déclaration royale de 1735 encore en vi-

gueur (1) et dans l'article 216 du Code de commerce
complété par la loi du 12 août 1885.

La déclaration prévoit deux cas qu'elle assimile : le
renflouement d'un navire naufragé : 1° en pleine mer ;
2° à la portée des côtes. La première hypothèse est assez
invraisemblable. D'abord, un navire naufragé en pleine
mer ne présente aucun danger pour la navigation, à
moins qu'il n'ait pas coulé bas et qu'abandonné de son
équipage, il n'erre sans direction à l'état d'épave. Ce cas
est prévu non pas par la déclaration, mais par l'article 27
de l'ordonnance de 1681. L'article 2 de la déclaration de
1735 suppose donc un navire naufragé c'est-à-dire coulé
à fond. Et la preuve, c'est que le texte contient expressément ces mots : « sans qu'il en reste aucun vestige
permanent sur la surface des eaux ». Or, il faut reconnaître que les raisons que nous avons données pour justifier les dispositions législatives sur le renflouement
n'existent pas ici. Non seulement le navire coulé en
pleine mer n'offre aucun danger pour la navigation,
mais encore il est peu probable que son propriétaire ait
intérêt à le relever. Laissons donc de côté l'hypothèse
d'un renflouement de navire coulé en pleine mer pour
étudier les dispositions de la déclaration relatives au
naufrage à portée des côtes, et celles que la loi du 12 août
1885 a ajoutées à l'article 216 du Code de commerce
lorsque le naufrage a eu lieu à l'entrée d'un port.

Dans les cas où le navire a fait naufrage à portée des
côtes, les propriétaires sont tenus dans le délai de deux

---

(1) Laurin sur Cresp, t. 1, p. 296 ; Dufour, t. 1, n° 248 ; J. Mars, t. 8, 2,
100.

mois, à compter du jour de la nouvelle du naufrage, de déclarer à l'autorité compétente qu'ils entendent entreprendre le relèvement ou sauvetage de leur bâtiment, et d'y faire travailler dans les six mois à compter du même jour. Faute de déclaration ou de travaux dans les délais indiqués, ils sont déchus de tout droit. Le silence des propriétaires fait présumer la renonciation à leur propriété, et l'entreprise de sauvetage peut alors être concédée à des tiers qui, comme nous l'avons déjà dit, ont droit aux huit-dixièmes de ce qu'ils sauvent. Les deux autres dixièmes qui étaient attribués par la déclaration (art. 3), l'un au roi, l'autre à l'amiral sont versés aujourd'hui à la Caisse des Invalides de la Marine (1).

Lorsque le bâtiment s'est perdu à l'entrée d'un port, l'article 216, alinéa 4 du Code de commerce est applicable. Il est ainsi conçu : « En cas de naufrage du navire dans un port de mer ou hâvre, dans un port maritime ou dans les eaux qui leur servent d'accès..., le propriétaire du navire peut se libérer même envers l'État, de toute dépense d'extraction... par l'abandon du navire et du fret des marchandises à bord. La même faculté appartient au capitaine qui est propriétaire ou co-propriétaire du navire, à moins qu'il ne soit prouvé que l'accident a été occasionné par sa faute ». Cet alinéa ajouté à l'article 216 du Code de commerce par la loi du 12 août 1885 a tranché une question débattue. On sait que la loi du 14 juin 1841 permet au propriétaire de se libérer de la responsabilité encourue à raison des « faits du capi-

(1) Dufour, *loc. cit.*, t. 1, p. 356 ; Comp. art. 1 de la loi du 26 nivôse an VI.

taine » et des « engagements » contractés par lui, par l'abandon du navire et du fret. Or, la perte du navire à l'entrée d'un port a pu être causée par le fait, c'est-à-dire par la faute du capitaine. Il se peut que le naufrage soit dû à une force majeure. Peut-être enfin, peut-on attribuer la perte à un vice propre du bâtiment qui n'étant pas en état de tenir la mer a coulé en quittant le port. Selon la cause du sinistre on aurait pu faire des distinctions ; ne pas admettre, par exemple, l'abandon de la part du propriétaire qui aurait fait prendre la mer à son navire manifestement innavigable et non visité, mais au contraire accorder cette faculté au propriétaire lorsqu'il y aurait eu cas fortuit ou faute du capitaine. L'administration des ponts et chaussées chargée de l'entretien des ports sans faire aucune de ces distinctions signifiait au propriétaire du navire naufragé d'avoir à procéder à l'enlèvement du bâtiment dans un délai déterminé et généralement assez bref. Le délai passé, l'administration y procédait elle-même aux frais du propriétaire sans permettre à celui-ci de se libérer vis-à-vis d'elle par l'abandon du navire et du fret. Voici quel était le raisonnement de la juridiction administrative : le propriétaire mis en demeure d'enlever l'épave commet une contravention de grande voierie en n'obéissant pas à la sommation qu'il a reçue. Il en résulte une obligation personnelle, délictuelle, à laquelle l'article 216 est étranger. Peu importe donc la cause du naufrage, le propriétaire ne pourra jamais se libérer par l'abandon du navire et du fret. M. de Courcy (1) s'est vivement élevé contre cette

(1) Courcy, *Questions de Droit maritime*, t. 2. La responsabilité des pro-

jurisprudence. D'autre part, comme le fait judicieuse-
ment remarquer M. Lyon-Caen (1) « il est d'une subtilité
excessive de dire que l'obligation de rembourser les
dépenses provient du fait du propriétaire qui n'a pas fait
enlever le navire ». La vraie, la seule cause de l'obligation d'enlever, c'est la faute du capitaine, la force majeure ou le vice propre.

Toute cette controverse n'est plus aujourd'hui que de
l'histoire. La loi du 12 août 1885 (art. 216 nouveau,
al. 4) permet au propriétaire de se libérer envers l'État
par l'abandon du navire et du fret. Bien plus, cette faveur est accordée même au capitaine propriétaire du
navire, sous une réserve cependant : « à moins qu'il ne
soit prouvé que l'accident a été occasionné par sa faute »
(216, al. 5). Un texte précis était ici d'autant plus nécessaire que d'après le droit commun, le propriétaire capitaine de son navire ne jouit pas de la faculté d'abandon,
les raisons qui l'ont fait établir, par dérogation à la
règle du droit commun écrite dans l'article 2092 du Code
civil : qui s'oblige oblige le sien, n'existant pas lorsque
le capitaine commande son propre navire (2).

Le conseil de préfecture des Bouches-du-Rhône a fait
récemment l'application de ce nouvel alinéa de l'article 216 (3).

En cas d'abandon du navire et du fret, le sauvetage
ou la destruction du navire qui a sombré à l'entrée d'un
port incombe donc à l'administration.

priétaires de navire devant la juridiction administrative.

(1) Lyon-Caen et Renault, *Précis de Dr. com.*, t. 2, n° 1666.
(2) V. les raisons qui ont fait établir la faculté d'abandon dans Lyon-
Caen et Renault, *Précis de Dr. com.*, t. 2, n° 1660.
(3) Cons. préf. Bouches-du-Rhône, 2 déc. 1890, R. I. D. M., t. 6, p. 458.

§ 2. — *Nature juridique du sauvetage.*

Maintenant que nous connaissons les différents cas de sauvetage, nous allons essayer d'en déterminer la nature juridique.

Le premier cas de sauvetage ne présente pas de difficulté ; le navire étant *échoué* ou *trouvé sur le rivage*, le propriétaire conserve son droit de propriété. Ce n'est que s'il n'a pas fait de réclamation dans l'an et jour que l'État devient propriétaire (art. 26, ordonn. de 1681 ; loi des 9-13 août 1791 et art. 717 civ.). Les sauveteurs ont droit à un salaire et le sauvetage constitue ici un louage de services (1).

Il est bien autrement difficile de préciser la nature juridique du sauvetage dans les deux autres hypothèses que nous avons mentionnées. Trois opinions sont en présence : les uns (2) y voient un mode d'acquisition de la propriété spécial au droit maritime ; d'autres (3) estiment qu'il se forme un quasi-contrat de gestion d'affaires entre le sauveteur et le sauveté ; enfin (4) une troisième opinion soutient que le sauvetage n'est qu'un quasi-contrat ayant la plus grande analogie avec le louage de services, que le propriétaire du navire abandonné, de l'épave ou de l'effet tiré du fond de la mer n'a jamais

---

(1) Dufour, t. 1, p. 354.

(2) Desjardins (*Tr. Dr. com. mar.*, t. 1, nᵒˢ 91 et suiv.); Laurin sur Cresp, I, p. 293 ; Beaussant, t. 2, p. 96.

(3) Demangeat : S. 84. 1. 337 ; Nantes, 28 août 82, *Journal de jurisprudence de Nantes*, 82. 1. 247.

(4) Dufour, t. 1, p. 358 note 1. Targa.

perdu son droit de propriété et que l'indemnité du tiers accordé par l'article 27 de l'ordonnance ou les huit dixièmes de la déclaration de 1735 n'est que la rémunération du travail du sauveteur (*mercedis loco*). L'indemnité du tiers ne serait donc qu'une sorte « de *remise proportionnelle* destinée à payer le sauvetage d'après l'importance des choses sauvées ». C'est l'avis de Targa qui considère la part donnée au sauveteur par le Consulat de la Mer comme un salaire qu'il appelle *émolumento*.

D'après la doctrine de M. Laurin, le sauveteur a un droit réel sur la chose sauvée : il acquiert la propriété des effets naufragés par occupation. En effet, le navire abandonné de son équipage sans esprit de retour est une *res derelicta* ou *res nullius* ; le sauveteur prend possession de l'épave en vertu d'un droit reconnu par la loi de son pays, mais cette loi, dans l'intérêt public réglemente ce droit de propriété acquis par occupation et ne lui accorde que le tiers des effets sauvés, les deux autres tiers revenant au propriétaire. D'après M. Desjardins, le sauveteur a aussi un droit réel sur la chose. Pour lui, le mode d'acquisition de la propriété est *la loi*, et cette loi c'est l'article 27 de l'ordonnance de 1681 (liv. IV, tit. IX). Il est vrai que cet article attribue au sauveteur le tiers de la chose sauvée « en espèce *ou en deniers* ». M. Laurin (t. 1, p. 294) répond à cette objection : « Cela n'entame en rien le principe, car la loi a simplement visé le cas où la chose ne serait pas matériellement divisible et où il faudrait arriver à une licitation. C'est là le sort ordinaire en matière d'indivision et au lieu d'être la négation du droit de propriété, cela en est au contraire la consécration (1) ».

Cette opinion ne semble pas exacte. Un navire abandonné n'est pas une *res derelicta*. On lit dans les Institutes (liv. 2, tit. 1, § 47) : *Pro derelicto habetur, quod dominus ea mente abjecerit, ut id in numero rerum suarum esse nolit : ideoque statim dominus ejus esse desinit.* Il est certain que l'intention du capitaine en quittant son bâtiment a été d'échapper au danger et non d'abandonner la propriété de son navire. Le *corpus* fait défaut, mais reste l'*animus*. C'est ce que dit le paragraphe 48 *h. t.* aux Institutes à propos de choses jetées : *A lia sane causa est earum rerum, quæ in tempestate levandæ navis causa ejiciuntur ; haec enim dominorum permanent, quia palam est, eas non eo animo ejici, quod quis eas habere nolit, sed quo magis cum ipsa navi maris periculum effugiat. Qua de causa, si quis eas fluctibus expulsas, vel etiam in ipso mari nactus, lucrandi animo abstulerit furtum committit ».* Il y a là un argument d'analogie qui ne saurait échapper. S'il y avait une assimilation à faire il faudrait dire que le navire abandonné est plutôt une *res deperdita* (Javolenus, 1. 21, § 1 et 2, D. XII, 2). L'article 44 des rôles d'Oléron nous montre que les choses abandonnées ne cessent pas d'appartenir à leur propriétaire. Rien ne prouve que notre législation ait entendu modifier cette tradition.

D'après M. Demangeat, il se forme un quasi-contrat

---

(1) En ce sens Valin, *Nouveau commentaire sur l'ordonnance de la marine du mois d'août* 1681, (t. 2, p. 636), Bédarride (t. 1, n° 34) et un arrêt de la Cour d'Aix du 27 février 1817 cité en entier par Bédarride (t. 1, n° 36).

de gestion d'affaires entre le sauveteur et le sauveté. Le sauveteur n'a donc plus un droit réel commun dans le système précédent, mais un droit personnel ; il devient créancier de l'indemnité qui lui est due par le propriétaire du navire sauvé pour avoir conservé sa chose. Il n'y a qu'une objection à faire à cette théorie, c'est que la gestion d'affaire est gratuite de sa nature. Le gérant aurait bien un recours contre le propriétaire du navire pour le remboursement des dépenses utiles faites pour son compte, mais il ne pourrait prétendre à une rémunération quelconque du service rendu à ce propriétaire.

Nous croyons beaucoup plus juste la théorie qui considère le sauvetage d'effets naufragés ou tirés du fond de la mer comme un quasi-contrat innommé ayant une grande analogie avec le louage de services. En effet, aux termes de l'article 1371 du Code civil, « les quasi-contrats sont les faits purement volontaires de l'homme dont il résulte un engagement quelconque envers un tiers et quelquefois un *engagement réciproque* des deux parties ». En vertu de ce quasi-contrat, le sauveteur est tenu de rendre la chose sauvée à son propriétaire et celui-ci de son côté, est obligé de payer au sauveteur pour le service rendu un prix que la loi elle-même a pris soin de fixer. Le propriétaire ne perd pas sa propriété : il est simplement débiteur du sauveteur ; il lui doit un certain prix correspondant au service rendu. Le paiement peut se faire « en nature ou en deniers » (art. 27, ordon. de 1681). Lorsqu'il se fait en nature, il y a là une dation en paiement autorisée par la loi.

La plupart des pays étrangers n'admettent pas la théorie d'après laquelle le sauveteur devient copropriétaire de la chose sauvée. En Angleterre et aux États-Unis notamment, l'ancien propriétaire n'est pas réputé avoir abandonné son droit, alors même qu'il aurait perdu tout espoir de conserver son bâtiment ; il doit être seulement regardé comme en ayant abandonné la possession sous l'empire de la nécessité. Cette possession vacante, le sauveteur la trouve et l'acquiert pour son propre compte.

La loi ayant fixé la quotité du droit du sauveteur, l'intérêt d'une détermination exacte de la nature juridique du sauvetage diminue singulièrement. Le véritable intérêt de la question est le suivant : si on admet que le sauveteur a un droit de propriété, il n'aura plus aucun droit, si, le sauvetage accompli, le navire vient à périr. Si, au contraire, on reconnaît au sauveteur un droit de créance, sa créance subsistera après la perte du navire.

SECTION II. — **De l'assistance maritime.**

L'assistance maritime est le secours prêté à un navire en péril. Cette aide, ce secours, tend dans tous les cas à *prévenir la perte* du bâtiment, à le tirer de danger. L'assistance ne se confond donc pas avec le sauvetage qui suppose toujours, au contraire, une perte ou une détérioration préalable, car, que le navire soit naufragé ou échoué, qu'il ait été abandonné ou qu'il ait coulé bas, dans un sens large il y a perte ou détérioration. Il fait naturellement supposer, comme nous l'avons déjà dit un échouement avec bris pour qu'il y ait sauvetage ; si le

navire n'avait pas ou presque pas souffert et qu'un simple remorqueur l'ait tiré du danger en le ramenant en
haute mer, il y aura simplement assistance. On peut citer de nombreuses décisions judiciaires en ce sens (1).
L'assistance présente un second caractère : elle est *personnelle* ; elle suppose un secours prêté aux personnes,
pour sauver le navire et la cargaison en péril.

Il serait difficile de déterminer ou d'énumérer les faits
qui constituent une assistance maritime par la bonne
raison que ces faits sont aussi variés que les fortunes de
mer. On peut seulement dire d'une façon générale qu'il
y a assistance toutes les fois qu'il n'y a pas sauvetage,
(les cas de sauvetage étant limitativement déterminés) (2),
ou si l'on préfère toutes les fois qu'un secours a été prêté
à un autre navire en danger Mais ce secours peut être
imposé à l'assistant par la loi. Il se peut aussi qu'il soit
donné à la suite d'une convention avec l'assisté. De là
une distinction fondamentale entre l'assistance obligatoire et l'assistance facultative. La loi du 10 mars 1891,
articles 4 et 5 règle l'assistance obligatoire. Nous n'avons,
au contraire, aucune disposition législative sur l'assistance facultative ; elle demeure donc soumise au droit
commun.

---

(1) Hâvre, 9 fév. 1857 et Marseille, 3 juillet même année, *Rec. de Jur.
du Hâvre*, 1857, 1, 23 et 1857, 2, 217.
(2) Voici comment le tribunal de Bruxelles du 18 janvier 1890 distingue
le sauvetage de l'assistance (*Jur. Anvers*, 90.1.247) : « Pour qu'il y ait sauvetage, il faut avant tout un navire en détresse ayant échappé à l'action de
l'équipage ou abandonné ; en dehors de ces cas, il n'y a qu'assistance lorsqu'un navire en danger est secouru. A défaut de détresse ou d'embarras
grave il y a simple remorquage.

§ 1er. — *L'assistance est obligatoire ou facultative.*

Les nations dont le commerce de mer est développé
ont le plus grand intérêt à assurer la sécurité des routes
maritimes, surtout depuis que la vapeur remplaçant les
voiles, la ligne à suivre est en quelque sorte tracée à
l'avance. Dans ce but, l'Angleterre et la France révisant
et complétant leur législation antérieure (règlement de
1862) ont élaboré une réglementation commune destinée
à prévenir les abordages. Le décret du 4 novembre 1879
la rendit exécutoire en France à partir du 1er septembre
1880. Un grand nombre de puissances y ont adhéré depuis, et du nouveau remaniement qui a été fait est sorti
le règlement international du 1er septembre 1884 (1)
encore en vigueur. Tout navire doit avoir des feux de
nuit, faire certains signaux en temps de brume, suivre
certaines directions ou opérer certaines manœuvres en
cas de rencontre d'un autre navire, etc... L'inobservation de ces règles entraîne une peine disciplinaire infligée
par le ministre de la marine après avis de la commission
des naufrages. Cette peine est un blâme ou le retrait plus
ou moins prolongé du commandement. Un progrès certain était réalisé par cette entente. On ne tarda pas, cependant, à s'apercevoir qu'une lacune existait dans la loi.
Il arriva que des capitaines, lorsqu'une collision se pro-
duisait, s'empressaient de fuir le lieu du sinistre, aban-
donnant malgré leurs signaux de détresse les bâtiments

(1) *Journal officiel* du 5 septembre 1884.

dont ils avaient causé le naufrage. L'Angleterre (1), la première, en 1872, prescrivit l'assistance obligatoire à la suite d'un abordage. En France, la catastrophe du paquebot « Ville du Hâvre » (23 nov. 1873) provoqua en 1874 le dépôt par M. Eugène Farcy à l'Assemblée Nationale d'une proposition tendant à rendre l'assistance obligatoire après un abordage. L'amiral Jaurès en fut nommé rapporteur. Vers la même époque, un rapport était lu à la section compétente du conseil d'État par le conseiller d'État vice-amiral Bourgeois, et le 9 février 1877, l'amiral de Montaignac, alors ministre de la marine, saisissait le Sénat d'un premier projet de loi. Un second projet présenté au Sénat le 6 mai 1882 par l'amiral Jauréguiberry aboutit à la loi du 10 mars 1891.

La loi de 1891 impose aux navires l'obligation de se prêter assistance après un abordage. Cette obligation ne dérive pas, comme on pourrait le croire, de la faute commise par l'abordeur. Il se peut qu'il n'ait pas commis de faute du tout, qu'il y ait abordage fortuit, que l'abordage soit imputable à l'abordé ou même qu'il y ait abordage mixte ou douteux par suite de l'impossibilité dans laquelle on se trouve de déterminer les responsabilités. L'article 4 ne fait aucune distinction ; quelle que soit la cause de l'abordage, le capitaine, maître ou patron « de chacun des navires » est tenu d'employer tous les moyens dont il dispose pour sauver l'autre bâtiment. Et ce n'est pas seulement le navire qu'il doit essayer de sauver, mais aussi l'équipage et les passagers. A une condition, cependant : pourvu qu'il puisse le faire sans

(1) *Merchant Schipping Act*, 10 août 1872, 36 et 37, V. C. 85, s. 16.

danger pour son navire, son équipage et ses propres passagers. Voilà en quoi consiste, à proprement parler, l'assistance obligatoire.

D'autres obligations sont mises à la charge du capitaine. « Hors le cas de force majeure, dit l'article 4, alinéa 2, il ne doit pas s'éloigner du lieu du sinistre avant de s'être assuré qu'une plus longue assistance est inutile, et si le bâtiment a sombré, avant d'avoir fait tous ses efforts pour recueillir les naufragés ». L'article 5 ajoute : le capitaine, maître ou patron doit « faire connaître au capitaine de l'autre bâtiment, les noms de son propre navire et des ports d'attache, de départ et de destination de celui-ci ». Des peines plus ou moins sévères sanctionnent l'inobservation de ces prescriptions (art. 4 et 5).

L'assistance est donc obligatoire à la suite d'un abordage. On s'est demandé s'il ne fallait pas aller plus loin. Ne devait-on pas imposer l'obligation d'assistance, comme l'a fait l'Italie (art. 120, Code de la marine marchande) à tout navire qui, rencontrant un autre bâtiment en détresse et pouvant le faire, ne lui aura pas porté secours? Notre législation n'est pas allée jusque là. En dehors du cas d'abordage, l'assistance est purement facultative. D'après M. Sainctelette, dans une bonne législation, on ne devrait pas pouvoir s'affranchir de ce devoir. Une sanction légale, dit-il, est ici nécessaire : on ne peut laisser pareille distance entre les mœurs et la loi.

§ 2 — *La loi du 10 mars 1891 attache-t-elle une présomption*
de faute à l'inobservation de ses prescriptions ?

En Angleterre (37 et 38 Victoria, ch. 85, sect. 16) et
aux États-Unis (loi du 4 sept. 1890), le capitaine qui
après un abordage s'éloigne du lieu du sinistre sans
porter secours à l'abordé est présumé en faute. Cette
présomption n'existe pas en France. Cela a été dit formellement à la Chambre et au Sénat. La loi de 1891 est
une loi pénale qui n'a pas voulu trancher une question
d'ordre purement civil, que les juridictions créées par
cette loi n'auraient jamais eu à appliquer, l'article 21
disant que ces juridictions « ne connaissent pas de l'action civile ». Voici du reste en quels termes s'exprimait
à ce propos le rapporteur à la Chambre, M. Mir : quelques-uns de nos collègues, dit-il, auraient voulu ajouter
à ces sanctions pénales une présomption de faute à
l'exemple de l'Angleterre et des États-Unis, « la commission soucieuse de donner la sanction la plus efficace
à ces obligations, avait tout d'abord accepté leur amendement et adopté la disposition additionnelle suivante :
« Le capitaine qui aura sans excuse valable, manqué
aux obligations de l'article 5, sera présumé, sauf preuve
contraire, être l'auteur de l'abordage, et, en cette qualité responsable de ses conséquences ». Il est certain,
en effet, que le capitaine qui s'éloigne du lieu du sinistre
sans décliner les noms de son navire et des ports d'attache et de destination, peut à bon droit être soupçonné
d'avoir une faute à se reprocher ; s'il prend le large sans

se faire connaître, on peut supposer que ce n'est que
pour échapper aux conséquences de ses actes et aux réparations matérielles du sinistre. La présomption de
responsabilité est donc parfaitement fondée, et la loi anglaise, comme celle des États-Unis que nous voulions
reproduire, se trouve absolument justifiée. Mais, cédant
à un scrupule de rédaction, nous nous sommes deman-
dés s'il était bien conforme aux traditions législatives
de ce pays d'introduire dans la présente loi, qui est une
loi simplement pénale, une disposition d'ordre purement civil, que les juridictions créées par cette loi n'auront jamais à appliquer, puisque, d'après l'article 21, elles
ne connaissent pas de l'action civile ; nous nous sommes
d'ailleurs rappelés que l'article 407 du Code de commerce, précise avec beaucoup de soin les divers cas d'a-
bordage et qu'il détermine, suivant les espèces, les responsabilités. Il nous a paru, dès lors, qu'il n'était pas
sans inconvénient d'établir dans une loi spéciale une
présomption, quelque fondée qu'elle fût, qui aurait bou-
leversée l'économie de l'article 407, et nous avons pensé
qu'il était plus expédient de procéder par voie de modification de l'article, d'y introduire cette présomption
si utile, et de la faire cadrer avec ces dispositions fonda-
mentales ». Comme cet article 407 du Code de commerce n'a pas été remanié, on ne peut admettre une
pareille présomption, alors qu'elle n'est point écrite dans
la loi. Cela est d'autant plus regrettable, qu'aux bonnes
raisons formulées par le rapporteur à la Chambre et
suffisantes à ses yeux pour justifier la présomption de
faute, à cette raison de fait : l'éloignement du lieu du si-

nistre sans porter secours et sans donner les noms du
navire et des ports d'attache, de départ et de destination, on peut ajouter avec M. Sainctelette (1), que vu l'imminence du péril et le défaut absolu de tout autre secours, il n'y a d'autre assistance possible que celle du
plus proche voisin. Ne peut-on pas dire enfin que la
fuite dans ces circonstances implique reconnaissance de
la part du fugitif qu'il n'a pas observé le règlement international du 1er septembre 1884 (*Journal officiel* du
5 sept. 1884).

§ 3. — *Conditions requises pour qu'il y ait assistance. De la validité de la convention et du quasi-contrat d'assistance. Droits
et obligations de l'assistant et de l'assisté.*

Pour que l'assistance existe, trois conditions sont exigées. Il faut : 1° que le navire soit en péril ; 2° que l'assistant n'impose pas ses services à l'assisté ; 3° que l'assistant soit étranger au navire assisté.

1° Le péril de mer est la première condition pour qu'il
y ait assistance. C'est même, je crois, le critérium qui
permet de distinguer l'assistance du contrat de remorquage. Il arrive tous les jours, en effet, qu'un de ces gros
vapeurs dont la voilure est insuffisante, après avoir subi
quelqu'avarie de machine, se fasse remorquer par un
autre vapeur qu'il a rencontré. Peut-on dire dans un langage juridique exact qu'il y a là assistance ? Évidemment non (2), car le navire en question ne courait aucun

(1) Sainctelette, *Étude sur l'assistance maritime*, p. 12.
(2) Cour de Bordeaux, 19 novembre 1884. *Journal des arrêts de la Cour
d'appel de Bordeaux*, 84, 389.

danger ; il aurait mis trois fois plus de temps pour arriver dans son port d'attache ou dans un port de relâche,
mais il y serait arrivé. La condition essentielle pour qu'il
y eût assistance : le péril de mer, fait ici défaut (1).

Mais, que faut-il entendre par péril de mer ? La Cour
de Rennes (2) semble ne considérer comme en péril que
le navire complètement désemparé, mis hors d'état de
naviguer et ne pouvant par suite être ramené au port
par son équipage. Cela est peut-être trop absolu. Qu'un
navire soit en danger lorsqu'il est complètement désemparé, cela est certain, mais le péril peut se manifester
sous d'autres aspects. L'assistance du reste peut être
prêtée dans un port. Ainsi (3), le capitaine d'un navire
mouillé en rade qui laisse attacher à son navire un autre
bâtiment ayant perdu ses ancres et se trouvant en danger, fait acte d'assistance. Il serait peut-être plus sage
de ne pas essayer de préciser ce que l'on entend par péril
de mer à cause de l'infinie variété des fortunes de mer,
le péril pouvant résulter de tout fait quelle qu'en soit la
nature, mettant en danger de perte le navire et la cargaison.

Le péril n'a pas besoin d'être immédiat ; du moment
qu'il est certain, le secours constitue une assistance.
Ainsi, il a été jugé (4) que la conduite à destination d'un

(1) On a pourtant soutenu (V. *Pandectes françaises* au mot Ass. Mar.,
n° 58 *in fine*) qu'il y avait assistance et non remorquage lorsque le bâtiment qui intervient, voilier ou vapeur ne fait pas profession de remorquer
les navires. Cette opinion doit être repoussée, car le seul hasard — rencontre d'un remorqueur de profession ou d'un vapeur ordinaire — ne
peut modifier la nature du contrat.

(2) Rennes, 14 janvier 84. R. I. D. M. t. 1, p. 151.

(3) *Jur.* Anvers, 1872, 1. 69.

(4) Marseille, 29 mars 1848 ; *Jur.* Mars, t. 29, 1. 57.

navire rencontré en mer errant à l'aventure par suite de
la maladie (fièvre jaune) qui avait frappé le capitaine et
tout son équipage, donnait droit à une rémunération
d'assistance à celui qui avait assisté ce navire. Dans
une hypothèse analogue, le tribunal du Hâvre (1) a accordé une rémunération à l'assistant. Dans ces différents cas cependant, le navire assisté ne courait aucun
danger immédiat, mais la perte n'en était pas moins
inévitable.

2° L'assistant ne doit pas imposer ses services à l'assisté. Presque toutes les législations qui se sont occu-
pées d'assistance maritime ont inscrit cette condition
dans la loi. Le Code de commerce allemand (art. 752)
dispose notamment que celui qui a imposé son secours
ou qui est monté sur le navire sans l'autorisation du
capitaine n'a pas droit à « l'indemnité » d'assistance.
La loi allemande du 17 mai 1874 relative aux naufrages répète la même chose. Le Code portugais de 1888
(art. 683, n° 3) est en ce sens. Toutes ces dispositions
ont eu pour but de faire disparaître l'industrie de certaines gens qui faisaient métier d'assister les navires en
détresse. Dans les pays anglais, on leur avait donné le
nom significatif de *wreckers*, naufrageurs (2). Ils condui-
saient le navire au port, et là réclamaient 50 et 60 0/0
de la valeur du navire et de la cargaison. Quoique les
mœurs se soient beaucoup améliorées sur ce point, les
nations qui ont réglementé l'assistance ont cru devoir
insérer dans leurs lois des articles formels prohibant

(1) Hâvre, 17 juillet 1872 ; *J. de Jurispr. du Hâvre*, 72, 1, 165.
(2) Courcy, *Questions de Dr. mar.*, 3e série, p. 20 et suiv.

7

l'assistance imposée. Nous n'avons pas de disposition législative en cette matière, mais sans aucun doute, les tribunaux n'accorderaient pas de rémunération à l'assistant qui aurait imposé ses services. C'est pour cela que nous considérons cette condition comme nécessaire à la formation du contrat d'assistance.

3º L'assistant doit être étranger au navire. On a dit pour justifier cette condition que si l'équipage pouvait espérer obtenir une rémunération d'assistance, il serait tenté de jeter le navire à la côte pour le secourir ensuite (1). Il est plus juste de considérer cette exclusion de l'équipage de tout droit à rémunération, comme dérivant du contrat d'engagement des gens de mer. C'est une obligation pour ces derniers de conduire le navire à bon port et de faire tous leurs efforts, même et surtout en cas de péril pour arriver à ce résultat. Le loyer convenu à l'avance est le prix de ces efforts, et il n'y a pas lieu de leur distribuer une allocation supplémentaire.

De la validité de la convention et du quasi-contrat d'assistance. — En pratique, le plus souvent, il interviendra une convention entre les parties. Cette convention est un louage de services. Elle est soumise à toutes les dispositions du Code civil qui régissent les contrats. C'est ainsi que le contrat d'assistance pourrait être attaqué pour défaut de liberté (2) et que les tribunaux seraient autorisés à réduire la rémunération ainsi convenue (3). Mais, il peut se faire que les parties ne se soient pas expliquées ou

---

(1) Trib. de Rotterdam, 20 déc. 1884, *J. du Dr. Intern. privé*, 1887, p. 246.
(2) Journal, *La Loi*, des 10 et 11 fév. 1890, arrêt de la Cour d'Aix.
(3) *J. Jurisp. de Marseille*, 87, 2, 29.

n'aient pas pu le faire. Quelle sera la nature de l'assistance prêtée dans ces conditions ? A défaut de convention, il ne peut y avoir qu'un quasi-contrat. On a soutenu que ce quasi-contrat était une gestion d'affaires. Cette opinion ne nous paraît pas soutenable. La gestion d'affaires est gratuite de sa nature. L'assistant, gérant d'affaires, ne pourrait réclamer une rémunération. Il n'aurait droit qu'à une indemnité pour les dépenses qu'il aurait faites. En aucun cas, il ne pourrait prétendre à un bénéfice de la gestion qu'il a entreprise. De plus, il ne suffit pas que, des dépenses aient été faites pour que le maître soit tenu de les rembourser, il faut que ces dépenses soient *utiles*. En appliquant ces règles à l'assistance, on est amené à accorder seulement à l'assistant le remboursement de ses dépenses utiles. C'est donc en vain qu'il réclamerait une rémunération pour le service qu'il a rendu à l'assisté. Or, il n'est pas douteux que l'assistant a le droit de demander une rémunération, alors même que les parties ne se sont pas expliquées sur le prix de l'assistance, c'est-à-dire lorsqu'il existe un quasi-contrat d'assistance. La jurisprudence, à plusieurs reprises, a fait l'application de ces principes. Tout récemment encore, le tribunal de la Seine (1) a décidé que le silence de la loi en ce qui concerne le prix de l'assistance n'était point exclusif de l'idée que ce service puisse motiver une rémunération ; « qu'au contraire, l'intérêt général et l'équité appellent souvent, en cas d'assistance, non seulement un remboursement, mais encore un salaire ; que d'une part, en effet, l'empressement de

_____

(1) Journal *Le Droit*, du 28 nov. 1891, jugement du tribunal de la Seine.

l'assistance en mer doit être stimulé sans quoi les secours pourraient rester paresseux ; que d'autre part, il
ne serait pas juste que des dangers aient été courus pour
rendre un service le plus signalé qui se puisse réclamer ;
qu'une propriété ait été risquée afin de tenter de sauver
une autre sans que ces efforts dépassant peut-être le
strict devoir, soient l'objet d'une rémunération pécuniaire ».

Droits et obligations de l'assistant et de l'assisté. —
Nous avons vu que le contrat qui intervient entre l'assistant et l'assisté était un louage de services. Or, le
louage de services est un contrat synallagmatique donnant des droits à chacune des parties et mettant à leur
charge certaines obligations.

Droits de l'assistant. — L'assistant d'abord a droit au
prix qu'il a stipulé. Mais n'a-t-il droit qu'à son prix ? Si,
par exemple, il a subi des avaries en accomplissant le
service qu'il s'était engagé à remplir, aura-t-il le droit
d'exiger de l'assisté la réparation de ces avaries ? Il faut,
je crois, distinguer l'avarie résultant d'un cas fortuit,
de l'avarie provenant du fait de l'assisté. Dans le premier
cas, les avaries, pertes ou dommages fortuits soufferts
par l'assistant pendant l'opération resteront à sa charge
et ne seront pas sujets à répétition. C'est l'application de
ce principe qu'en matière de louage de services, le locateur supporte le dommage fortuit arrivé à sa chose
dans l'exécution du contrat. C'est ce qu'a jugé avec beaucoup de justesse le tribunal d'Anvers le 11 mai 1872 (1).

(1) *Recueil de Jurisp. d'Anvers,* 1872. 1. 69. Il s'agissait d'un remorqueur
qui, en prêtant assistance à un navire incendié, avait été coulé par la chute

Il en serait différemment si le dommage souffert, l'avarie subie, provenait du fait ou de la faute de l'assisté : conformément au droit commun (1382 Civ.), il en devrait réparation.

Obligations de l'assistant. — L'assistant doit exécuter la convention. Mais on peut supposer que par suite d'une force majeure, l'assistant ne puisse plus continuer l'assistance ; il a perdu son hélice, par exemple, et ne peut plus remorquer l'assisté. Qu'arrivera-t-il dans ce cas ? Le contrat serait rompu, croyons-nous, sans dommages-intérêts, les dommages-intérêts supposant une faute ou tout au moins un fait imputable à celui contre lequel on les réclame. Toutefois, l'assistant aurait le droit de demander une rémunération proportionnelle au service rendu. Cela serait de toute équité, si l'assisté grâce au secours obtenu avait été sauvé du péril imminent qui le menaçait et s'il était arrivé à bon port. C'est ce qui est admis en Angleterre (1). Mais si la force majeure avait occasionné l'interruption de l'assistance et que le navire secouru, livré à lui-même, vînt à périr, l'assistant n'aurait aucun droit, l'opération n'ayant pas réussi. Si le contrat était rompu par le fait ou la faute de l'assistant, celui-ci serait alors responsable soit de la perte de l'assisté qui en résulterait, soit de la rémunéra-

---

de l'un des mâts de ce dernier. Le tribunal décida que la perte du remorqueur devait rester à la charge de son propriétaire, « attendu que les pertes et dommages fortuits auxquels sont exposés les bateaux remorqueurs durant l'assistance qu'ils prêtent aux navires en détresse, sont des risques inhérents à l'entreprise dont les demandeurs se chargent volontairement par esprit de trafic et moyennant un prix proportionné à ces risques ».

(1) Haute Cour de justice, division de l'amirauté, 24 janvier 1884. *Journal de Droit international privé*, 1886, p. 357.

tion d'assistance qu'il y aurait lieu de payer à un autre assistant, même si cette rémunération était plus élevée que celle convenue avec le premier assistant (1).

Droits de l'assisté. — L'assisté a le droit d'exiger l'exécution du contrat, et cela alors même qu'aucun prix n'aurait été fixé. Dans le louage de services, en effet, le prix est bien un élément essentiel à la formation du contrat (2), mais non la fixation de ce prix à l'avance. Il se peut d'ailleurs qu'en fait tout débat sur ce point soit impossible. Comme il s'agit d'une obligation de faire pour l'assistant, son exécution aurait pour conséquence de donner à l'assisté le droit de réclamer des dommages-intérêts (1142 Civ.), à moins, comme nous l'avons vu à propos des obligations de l'assistant que cette inexécution ne soit due à une force majeure, auquel cas le contrat serait rompu sans dommages-intérêts.

Obligations de l'assisté. — L'assisté doit payer le prix. Quel sera ce prix? Ici, nous faisons la même distinction que tout à l'heure : y a-t-il eu libre convention entre les parties? Pas de difficulté, le prix stipulé sera dû. N'y a-t-il pas de convention, soit que les parties n'aient pas cru devoir en faire, soit qu'elles aient été dans l'impossibilité de s'expliquer? Le contrat de louage de services n'en existera pas moins, et si une entente n'intervient pas après coup, les tribunaux décideront souverainement.

Il peut se faire que le prix stipulé soit dû en totalité, quoique l'assistance n'ait pas été prêtée du tout ou n'ait

(1) Bruxelles 12 juin 1879 ; *J. de Jurisp. d'Anvers,* 79. 1. 322.
(2) Guilhouard, *Traité du contrat de louage,* t. 2, n° 689.

été prêtée qu'en partie. Ainsi, le navire en péril qui accepte du secours et qui refuse ce secours au moment où l'assistant arrive sur les lieux pour le lui prêter, n'en doit pas moins le prix convenu (1). Il en serait de même si l'assisté exigeait que l'assistant l'abandonnât. Alors même qu'il viendrait à périr, il serait tenu, car il y aurait rupture du contrat d'assistance par le fait de l'assisté.

APPENDICE. — *Le remorquage constitue-t-il une assistance ?*

Le remorquage est le principal instrument de l'assistance. Comme celle-ci, il est un louage de services. Mais si ces deux contrats ont la même nature, ils n'ont point les mêmes caractères. De plus, la rétribution du service rendu se compose d'éléments différents et la rémunération de l'assistant est généralement plus forte. Aussi voit-on souvent des remorqueurs essayer de transformer la convention de remorquage en une convention d'assistance.

Nous avons vu que le caractère fondamental de l'assistance est le péril de mer. Toutes les fois donc qu'un navire sera tiré d'un danger quelconque par un autre navire qui l'aura remorqué, il y aura assistance et non remorquage. Et il importe peu que l'assistant soit ou non un remorqueur de profession. Cette distinction qui a été faite ne repose, selon nous, sur aucun fondement.

La terminologie en matière de sauvetage et d'assis-

---

(1) Trib. com. Ostende, 3 décembre 1856, *J. de Jurispr. d'Anvers*, 57. 2. Gand ; 91, 4 juillet 1857, *Pasicrisie Belge*, 58.2 351.

tance est encore bien mal définie. En ce qui concerne le
remorquage, on rencontre dans les décisions des tribunaux des expressions qui nous paraissent tout à fait im-
propres pour ne pas dire inexactes. C'est ainsi que les
faits auxquels la jurisprudence donne le nom de remorquage *extraordinaire*, de remorquage *périlleux* sont pour
nous de véritables cas d'assistance. Je ne voudrais pas
multiplier les exemples ; mais quelques-uns sont cependant nécessaires. Un jugement du tribunal du Hâvre du
13 février 1858 (1) rapporté dans la Jurisprudence du
Hâvre sous la rubrique « Remorquage extraordinaire. —
Navire échoué », décide que « les remorqueurs qui ont
retiré un navire échoué d'une position *périlleuse* ont droit
à une rémunération plus forte que celle qui leur est allouée pour un remorquage ordinaire ». Un autre jugement de ce même tribunal du Hâvre du 10 mai 1869 (2)
rapporté dans le même recueil sous le titre de « Remorquage périlleux, — Navire en détresse », accorde « une
indemnité proportionnée au service rendu et au péril
couru au remorqueur qui s'est porté malgré les dangers
au secours d'un navire *en détresse* et l'a remorqué et
entré au port ». Ne sont-ce pas là de véritables cas d'assistance ? Alors, pourquoi ne pas employer l'expression
juste, l'expression qui convient, lorsqu'on a porté secours à un navire en danger ? Y a-t-il une raison spéciale
de distinguer trois espèces de remorquages, savoir : le
remorquage ordinaire, le remorquage extraordinaire et
le remorquage périlleux ? Si des nombreuses décisions

(1) *J. de Jurispr. du Hâvre*, 1858, 1, 38.
(2) *J. de Jurispr. du Hâvre*, 1869, 1, 122.

des tribunaux on essaie de dégager les motifs de cette distinction, il semble que la jurisprudence considère le remorquage comme extraordinaire lorsque celui que nous appellerons l'assisté est seul en péril. Que s'il y a eu danger aussi bien pour le navire en détresse que pour l'assistant, le remorquage prend le nom de remorquage périlleux. Toutes ces distinctions ne nous semblent pas fondées. Il n'y a qu'une espèce de remorquage : le remorquage sans épithète qui intervient pour l'accomplissement d'un service ordinaire. Si ce service est organisé dans le but de sauver un navire en péril, le remorquage dans ces conditions devient une assistance, que l'assisté seul ait été en danger ou que l'assistant lui-même ait couru des risques pour arriver à ses fins.

Cela est si vrai que la jurisprudence elle-même décide que la rémunération n'est pas la même lorsque le remorquage est extraordinaire ou périlleux (voir les jugements cités plus haut). Or, sans anticiper sur la section qui va suivre, nous pouvons dire que les tarifs établis pour le remorquage ont pour base le tonnage du navire et la distance parcourue. Les éléments dont se compose la rémunération d'assistance sont tout différents. Et du moment qu'on les applique, alors surtout que le caractère essentiel de l'assistance, le péril de mer, existe, c'est reconnaître qu'on se trouve en présence d'un acte d'assistance.

SECTION III. — **De la rétribution des sauveteurs et de la rémunération d'assistance.**

On appelle quelquefois *indemnité* de sauvetage la rétribution accordée aux sauveteurs. Cette expression manque d'exactitude. Une indemnité est une compensation pécuniaire accordée à celui qui a éprouvé une perte. Ceux qui travaillent au sauvetage n'en ont subi aucune. Ils ont droit simplement, lorsque le navire est naufragé ou échoué, à un salaire (1) pour le service rendu et dans les deux autres cas de sauvetage à une rétribution que la loi fixe à forfait. De plus, lorsqu'on parle d'indemnité, on suppose que celui qui la reçoit est rendu indemne. Or, il peut se faire que non seulement le sauveteur ne recouvre pas les sommes qu'il a avancées, mais qu'il subisse un préjudice pécuniaire pour avoir entrepris le sauvetage : c'est ce qui arrivera lorsque les huit-dixièmes que la déclaration de 1735 lui attribue pour le relèvement d'un navire coulé en mer, seront inférieurs à ses débours. Il n'est donc pas juste de dire qu'on alloue au sauveteur une indemnité de sauvetage ; c'est bien plutôt un salaire, une rétribution. Il ne convient pas davantage d'employer cette expression en matière d'assistance. L'assistant, au moins lorsque l'assistance est facultative, cherche à réaliser un bénéfice. Si on ne lui accordait qu'une indemnité, c'est-à-dire le simple remboursement de ses frais, cela serait insuffisant. « Quand l'assistance

(1) Dufour, *loc. cit.*, t. 1, p. 358, note 1.

est si précieuse, dit M. de Courcy (1), il est bon qu'elle soit sollicitée, stimulée par l'intérêt, sans quoi elle pourrait bien être paresseuse. Et puis, ce ne serait pas juste, car l'assistance expose parfois l'assistant à de graves dangers. Il y a des risques. En s'approchant des écueils pour remettre à flot le navire échoué, le bâtiment à vapeur risque de s'échouer et de se briser lui-même ». Nous concluons que l'assistant a droit à une rémunération.

Recherchons maintenant quelle est la rétribution des sauveteurs et de quels éléments se compose la rémunération de l'assistant.

§ 1. — *Droits des sauveteurs.*

La rétribution des sauveteurs varie selon qu'il s'agit du sauvetage d'un navire naufragé ou échoué, de la prise de possession d' « effets naufragés trouvés en pleine mer ou tirés de son fond », ou du sauvetage d'un navire coulé bas.

Dans le premier cas, lorsque le navire est naufragé ou échoué avec bris, les sauveteurs sont payés en proportion du service rendu d'après la taxe qui en est faite par l'officier de l'administration de la marine (2). Lorsqu'il s'agit d'un navire français naufragé ou échoué sur les côtes d'Angleterre ou d'un navire anglais naufragé ou échoué sur les côtes de France, la liquidation des frais

---

(1) Courcy, *Questions de Droit maritime* 3ᵉ série, p. 17.
(2) Dufour, *Droit maritime*, t. 1, p. 534 et 535 ; ordon. de 1681, tit. des Naufrages, art. 11 ; loi des 9-13 août 1791, art. 6 et 7.

de sauvetage est faite par les agents consulaires de ces pays qui ont dirigé les opérations du sauvetage (1).

La rétribution des sauveteurs dans le second cas de sauvetage est fixée à forfait par la loi. L'article 27 de la Grande Ordonnance accorde aux sauveteurs d'effets naufragés trouvés en pleine mer ou tirés de son fond, le tiers *brut* de leur valeur « en espèce ou en deniers ». S'il s'agit spécialement d'un navire abandonné, les sau-veteurs ont droit non seulement au tiers de la valeur du navire, mais aussi au tiers de la valeur de la cargaison (2), sans aucune déduction du fret de ces marchandises, des mises dehors du propriétaire du navire ou même des frais de vente. C'est ce qui résulte des mots « sans frais » de l'article 27. Toutefois, cet article ne parlant que des frais de justice, « les frais de justice préalablement pris sur les deux tiers », on s'est demandé si les sauveteurs ne devaient pas supporter sur leurs tiers, les frais de partage ou de vente dans le cas où il n'y aurait pas eu partage. « La raison de douter dit Valin (3) est qu'aux termes du droit commun tout partage ou tout acte supplétif à partage doit être fait aux frais de la chose, par conséquent aux dépens de tous les part-prenants dans la chose ; mais, ajoute-t-il, la disposition de notre article est trop claire en faveur de ceux qui ont sauvé les effets de la manière qui y est exprimée pour qu'on ne les regarde pas comme affranchis de la règle

---

(1) Décret du 22 nov. 1889 sur la liquidation des frais de sauvetage des navires naufragés ou échoués sur les côtes de France et d'Angleterre. Ce décret abroge la déclaration du 16 juin 1879 (*Journal off.*, du 28 nov.).

(2) *J. de Jurispr. de Marseille*, 83. 2. 103 et 150 et 1884. 2. 142.

(3) Valin, *loc. cit.*, t. 2, p. 636.

générale. Aussi est-il vrai que dans l'usage, leur tiers leur a toujours été délivré sans aucune déduction pour raison des frais de partage ou de la vente, non plus que des autres frais de justice, de garde, de magasinage dont la totalité a perpétuellement été à la charge des deux autres tiers... »

L'article 27 de l'Ordonnance doit être complété par l'article 1er de la loi du 26 nivôse de l'an VI d'après lequel : « Le droit de sauvetage est des deux tiers des objets sauvés en pleine mer, quand ces objets sont des propriétés ennemies. Le tiers restant après déduction de tous frais, est versé dans la caisse des invalides de la marine ».

Reste la dernière hypothèse de sauvetage prévue par la déclaration royale du 15 juin 1735 : le navire a coulé bas, il a disparu de la surface. On sait que dans ces conditions, le propriétaire ne perd pas la propriété de son bâtiment. Il a un certain délai pour entreprendre le relèvement de son navire. Passé ce délai, on présume qu'il renonce à son droit de propriété, et l'État peut concéder à un tiers l'entreprise du sauvetage. La loi accorde au sauveteur les huit-dixièmes de la chose sauvée, les deux autres dixièmes sont versés aujourd'hui dans la caisse des invalides de la marine. Cette rétribution est à la fois la rémunération du travail du sauveteur et le prix du service rendu à la navigation pour avoir enlevé ou détruit une épave qui pouvait constituer un danger pour les navires.

§ 2. — *Assistance obligatoire.* — *L'assistant a-t-il droit à une
rémunération en cas d'assistance obligatoire ?*

Lorsque deux navires se sont abordés, l'assistance
devient obligatoire. C'est ce qui résulte de l'article 4 de
la loi du 10 mars 1891 ainsi conçu : « Après un abordage, le capitaine maître ou patron de chacun des navires abordés est tenu, autant qu'il peut le faire sans danger pour son navire, son équipage et ses passagers,
d'employer tous les moyens dont il dispose pour sauver
l'autre bâtiment, son équipage et ses passagers du
danger créé par l'abordage ». Cet article ne dit rien des
droits de l'assistant. Faut-il en conclure que cette assistance soit gratuite? Ce serait aller trop loin.

L'article 407 du Code de commerce distingue l'abordage fortuit, l'abordage fautif, l'abordage douteux. Lorsque l'abordage résulte d'un cas fortuit, l'assistant en se
conformant à l'obligation que la loi lui impose ne perd
pas pour cela le droit de demander la rémunération de
son service. En rendant l'assistance obligatoire à la suite
d'un abordage, la loi a voulu empêcher que l'abordeur,
coupable ou non, mais craignant d'être rendu responsable de l'abordage, ne quitte les lieux du sinistre en
laissant les naufragés dépourvus de tout secours. C'est
donc surtout une pensée d'humanité qui a dicté l'article 4. Le législateur n'a pas parlé de l'intérêt pécuniaire
que l'assistant pourra être appelé à invoquer : il n'y a
probablement même pas pensé. Or, du moment qu'il est
reconnu que l'article 4 est étranger au cas qui nous oc-

cupe, il n'y a qu'à appliquer le droit commun : tout service mérite rémunération. Nous ne voyons aucune bonne raison pour en priver l'assistant, alors que l'abordage est fortuit et que par suite il n'a aucune faute à se reprocher.

Nous devons en dire autant pour l'assistance prêtée à la suite d'un abordage mixte ou douteux. Par cela seul qu'il y a doute sur les causes de l'abordage, personne ne prouvant la faute de l'autre, les principes nous conduisent à accorder à l'assistant le prix de son service. On ne peut considérer la rémunération de ce dernier comme un *dommage* à réparer à frais communs (407, al. 3, Com.).

L'abordage peut enfin être fautif et la faute imputable à l'abordeur ou à l'abordé.

A. Lorsque la faute est imputable à l'abordeur, deux situations peuvent se présenter : l'abordeur en faute peut avoir moins souffert et prêter assistance à l'abordé ; il peut, au contraire, ce qui sera rare, nous le reconnaissons, avoir plus souffert que l'abordé et recevoir l'assistance de celui-ci. — *a*) Dans le premier cas, l'abordeur responsable de l'abordage n'a aucune rémunération à demander à l'abordé. C'est en somme l'application de l'article 1382, du Code civil : celui qui a causé un dommage à autrui est tenu de le réparer. De même si l'assistance avait été prêtée à l'abordé par un autre navire. L'abordeur fautif devrait à titre de réparation, les frais d'assistance payés par l'abordé à son assistant (1). — *b*) L'abordeur fautif peut avoir plus souffert que l'abordé

(1) Bruxelles, 16 mai 1872, *J. de Jurispr. d'Anvers*, 72. 1. 197.

et recevoir l'assistance de ce dernier. Cette hypothèse pourra se réaliser par exemple si l'abordé est d'un plus fort tonnage et marche à une vitesse plus grande. Pas de difficulté : l'abordé qui n'a rien à se reprocher aura droit non seulement à la réparation de ses dommages ou avaries, mais encore à une rémunération d'assistance.

B. La faute peut aussi être imputable à l'abordé. Ainsi, il n'a pas allumé ses feux de nuits et l'abordeur ne l'a pas aperçu. S'il a plus souffert que l'abordeur et reçu l'assistance de celui-ci, il devra réparer ses avaries à ses frais et de plus payer à l'abordeur une rémunération d'assistance. S'il avait moins souffert que l'abordeur, — ce qui est assez invraisemblable, mais qui peut pourtant se présenter, — et qu'il lui ait prêté secours, il n'aura droit à aucune rémunération d'assistance, sans préjudice de la réparation des dommages de l'abordeur dont il est tenu, attendu que dans l'espèce, c'est lui, abordé, qui est en faute et qui comme tel doit réparer le mal qu'il a causé.

§ 3. — *Assistance facultative.*

A. Conditions requises pour avoir droit *à la rémunération.*

Nous connaissons les conditions requises pour l'existence même de l'assistance. Il s'agit maintenant de savoir si l'assistant peut réclamer une rémunération par cela seul que l'assistance existe. On a soutenu, et certaines législations sont en ce sens, que l'assistant ne pourrait réclamer le prix du service rendu : 1° que si l'opération a réussi ; 2° que si le secours n'a pas été prêté en vertu d'une obligation de service.

Le succès de l'opération est considéré comme une condition requise pour permettre à l'assistant de réclamer une rémunération par le Code de commerce portugais (art. 681, 682). Le Code de la marine marchande italien (art. 120, 121), le Code hollandais (561, 562), le Code de l'Uruguay (1473, 1474) parlent de *conduire à bon port*. Chez nous, comme nous n'avons pas de texte, la jurisprudence accorde une rémunération aussi bien à la tentative d'assistance qu'à l'assistance effectivement prêtée (1). C'est ainsi qu'un jugement du tribunal du Hâvre du 10 mai 1869 (H. 69, 1, 122) a accordé une rémunération au capitaine d'un bâtiment qui s'étant porté au secours d'un navire en détresse, avait essayé de le remorquer sans y réussir et s'était borné à recevoir du capitaine une lettre destinée à réclamer une assistance plus efficace. La jurisprudence belge est sur ce point dans le même sens que la jurisprudence française. Le tribunal de commerce d'Ostende (2) a jugé qu'il y avait lieu d'indemniser un bâtiment à vapeur mis en service pour porter secours à un navire en danger, bien que les dispositions et les mesures prises pour exécuter l'opération n'aient pas reçu leur effet par suite d'un changement spontané de résolution de la part du capitaine du navire en péril.

En législation, quelle solution est préférable ? Je crois qu'il y aurait lieu de considérer le succès de l'opération

(1) V. *Pandectes françaises* au mot *Assistance maritime*, n° 18.
(2) Ostende, 3 décembre 1856, *J. de Jurispr. d'Anvers*, 57. 2. 91.

comme une condition requise pour donner des droits à l'assistant. Ce n'est pas à dire que la solution du tribunal du Hâvre ne soit pas juste. Dans l'espèce, il y avait lieu d'accorder une rémunération, mais ce n'était pas une rémunération d'assistance puisque l'assistance n'avait pas été prêtée, c'était le prix du service consistant à aller réclamer un secours plus efficace. Et comme le dit un des attendus du jugement : « attendu que tout service mérite récompense... », il fallait payer ce service-là. Il en est de même du jugement du tribunal d'Ostende. La somme allouée à l'assistant n'était pas non plus une rémunération d'assistance, mais une indemnité légitimement due par suite de la rupture volontaire du contrat de la part du capitaine du navire en péril.

S'il est juste, croyons-nous, de considérer le succès de l'opération comme une condition du droit à la rémunération de l'assistant, il n'en est pas de même de l'opinion d'après laquelle le secours ne doit pas être prêté en vertu d'une obligation de service. Dans ces conditions, le pilote, le remorqueur de profession, le navire de guerre, n'auraient jamais droit à une rémunération d'assistance. Ce qu'il y a de vrai dans l'opinion qui considère cette condition comme nécessaire pour donner des droits à l'assistant, c'est qu'il y aura lieu de tenir compte de cette qualité de l'assistant pour la fixation de la rémunération comme l'a fait le tribunal du Hâvre (H. 1871. 1.75) pour un remorqueur de profession.

Certaines nations n'accordent de rémunération à l'assistant qu'autant que l'assistance est spontanée et ne résulte pas d'une obligation de service. « Le Code de la

marine marchande en Italie (1), après avoir dit que le
salaire des pilotes est fixé par le tarif établi par décret
royal, ajoute que toute promesse de rémunération supérieure à celle qui est portée au décret, et faite au moment du péril, ne mérite aucune attention ». La loi de
l'Orégon aux États-Unis est en ce sens (2). Mais il s'en
faut de beaucoup que tous les pays soient d'accord sur
ce point. Les États-Unis accordent nettement une rémunération aux commandants et à l'équipage des navires
de guerre qui ont prêté assistance (3). Le système de la
législation anglaise est identique (4) : le pilote assistant
a droit à la même rémunération que celle qui serait attribuée à un étranger (5). En France, les textes sont
muets, mais la jurisprudence est favorable avec raison
aux assistants qui ont porté secours en vertu d'une obligation de service. Pour les pilotes, le tribunal du Hâvre,
le 10 mai 1869 (H. 69.1.122), a accordé une rémunération spéciale à un pilote qui avait porté secours à un navire
en détresse (6). Le même tribunal du Hâvre (H. 85.1.
146) a alloué une rémunération à un remorqueur qui
sur la réquisition d'un officier du port avait assisté un
autre navire. Tout ce qu'il y a de particulier dans les
cas de ce genre, c'est qu'il y a lieu de tenir compte dans
la fixation de la rémunération de ce fait que le remor-

(1) R. I. D. M,, t. 5, p. 57, article de M. G. Benfante.

(2) Cour de district de l'Orégon, mars 1884. *J. du dr. internat.*, 85 p. 560.

(3) Perels, *Manuel de dr. mar. internat.*, traduit de l'allemand par Arendt,
p. 157.

(4) *Queen's Regulations*, §§ 1954-1960.

(5) Haute Cour de l'Amirauté 13 mai 1879. *J. du dr. internat. pr.*, 1879,
p. 575.

(6) Voir dans le même sens Cass., 6 nov. 1855. D. 56.1.255.

queur faisait acte de son métier (H. 71.1.75). En ce qui concerne la rémunération qui peut être accordée au bâtiment dont la profession est de secourir les naufragés, un jugement du tribunal de commerce du Hâvre (24 sept. 1884, H. 84.1.274) a décidé que la rémunération ne saurait être refusée sous prétexte que l'assistant appartient à une société organisée pour porter secours aux navires en danger. Cela est admis dans certains pays étrangers. Le tribunal de commerce d'Anvers (1) a jugé qu'il y aurait lieu de tenir compte dans la fixation de l'indemnité à allouer pour assistance maritime de ce que le navire assistant a été construit et est en partie armé et exploité dans le but de venir en aide aux autres navires, de telle sorte que, quant à ces bâtiments, dont le service spécial est réclamé par l'intérêt et les besoins de la navigation en général, il convient de tenir compte de leurs sacrifices journaliers et de la rareté de leur emploi. Enfin, lorsque l'assistance a été prêtée par un navire de guerre, la rémunération n'en est pas moins due. Nous avons vu que la législation anglaise (*Queen's Regulations*, §§ 1954-1960) accordait une rémunération aux commandants et à l'équipage des navires de guerre dans les mêmes conditions que les autres assistants. Il en est de même aux États-Unis (2) et il ne saurait en être différemment chez nous. C'est du moins ce que l'on peut induire d'une décision incidente de la Cour de cassation (3). La Cour suprême décide que « le simple con-

---

(1) 16 mars 1867, *Jur. Anvers*, 67.1.61.
(2) R. I. D. M., t. 5, p. 572, article de M. G. Benfante.
(3) Cass., 6 mai 1884, S. 84.1.337.

cours prêté par un vaisseau de l'État à un navire sauveteur pour lui faciliter le sauvetage ne suffit pas pour
conférer à l'Administration de la Marine les droits de
co-sauveteur, alors d'ailleurs que le ministre de la marine,
agissant au nom des intérêts qu'il représente, décline
cette qualité ». D'où l'on peut conclure que si l'Administration de la Marine s'était présentée comme co-sauveteur et si elle avait participé au sauvetage autrement
que par un simple concours, elle aurait eu des droits.
Et en appliquant cette solution par analogie à l'assistance, on doit dire que l'assistance prêtée par un navire
de l'État donne les mêmes droits que l'assistance prêtée
par un navire appartenant à un simple particulier.

B. De la rémunération d'assistance.

Étant donné que l'assistant a droit à une rémunération, quelle sera cette rémunération ? Il faut distinguer
selon qu'il y a eu libre convention entre les parties ou
que celles-ci n'ont pas pu convenir du prix.

a) *Il y a eu libre convention.* — La convention doit
être libre. Si elle a été conclue au moment du péril, si
le consentement a été extorqué par violence, elle est
nulle aux termes de l'article 1112 du Code civil. « Non
pas que, comme le dit M. de Courcy (1), lorsque la promesse n'est pas excessive, il ne soit sage et loyal de la
tenir, mais les tribunaux pourront apprécier qu'il y a eu
excès et réduire l'obligation ». Donc, lorsqu'il y a eu
libre convention entre les parties, cette convention doit
être respectée. Ce principe est écrit dans les lois de beau-

(1) Courcy, *Quest. de Dr. mar.*, t. 3, p. 27.

coup de pays étrangers, notamment dans l'article 743 du Code de commerce allemand, dans l'article 127 du Code de la marine marchande italien. En France, nous n'avons pas de disposition législative sur ce point. La jurisprudence annule ou valide la promesse de l'assisté selon que les circonstances dans lesquelles elle est intervenue étaient ou non de nature à empêcher le capitaine d'y consentir librement (1). Lorsque la convention est annulée, les tribunaux ont un pouvoir souverain d'appréciation pour fixer la rémunération. Ils tiennent compte de certains éléments que nous aurons bientôt à déterminer et se montrent en général assez larges. Rarement cependant ils arrivent à contenter les assistants. Aussi, ceux-ci pour se soustraire au contrôle de la justice avaient imaginé des arbitrages confiés aux gens de la place qui ne manquaient jamais de rançonner l'assisté surtout lorsqu'il était étranger. Cette pratique qui était, paraît-il, courante dans le port d'Anvers souleva la question suivante : la convention d'arbitrage entre l'assistant et l'assisté est-elle valable?

La Cour de Bruxelles (2) s'est prononcée avec raison pour la négative. Il n'y a même pas lieu de rechercher si la convention a été faite par le capitaine au moment du péril ou si elle a été conclue après que tout danger eût disparu. En effet, le capitaine est un mandataire ; or, on sait qu'un mandataire n'a pas le pouvoir de compromettre sans une disposition *expresse* du mandat

---

(1) Cour d'Aix, *Journal la Loi* des 10 et 11 fév. 1890 ; Cass., 27 avril 67, S. 87.1.372 ; Rouen, 4 juillet 1871, S. 71.2.134.
(2) Bruxelles, 18 juin 87, R. I. D. M., t. 3, p. 335.

(1989 C. civ.). De plus, on ne peut compromettre que sur les droits dont on a la libre disposition (1003 C. pr.). Le capitaine est loin d'avoir sur le navire les droits absolus qui seuls, pourraient impliquer la faculté de compromettre. Le législateur, même dans des cas de nécessité reconnue ne lui permet de passer des actes excédant les pouvoirs ordinaires d'un administrateur qu'avec l'autorisation et sous la surveillance du pouvoir judiciaire ou de l'autorité publique (234 C. com.). Il ne résulte pas de ce que nous venons de dire que la convention d'arbitrage, conclue dans le but de fixer la rémunération de l'assistant, ne doive jamais être respectée. Elle devrait l'être si elle avait été faite par le propriétaire, les assureurs ou d'autres intéressés qui, à la nouvelle du sinistre, auraient librement traité avec l'assistant.

b) *Il n'y a pas de convention.* — Lorsque les circonstances n'ont pas permis aux parties de débattre les conditions du contrat d'assistance, il appartient aux tribunaux de fixer cette rémunération si elles ne s'entendent pas ensuite à l'amiable sur le prix réclamé par l'assistant. La situation est la même lorsque la convention a été annulée pour avoir été conclue au moment du danger, le consentement de l'assisté n'ayant pas été donné librement ; les tribunaux deviennent souverains appréciateurs du service rendu. Le juge français est absolument dépourvu de règles pour se diriger. Toutefois, il est un point certain d'après M. de Courcy (1) : « puisqu'il y a une disposition légale qui attribue aux sauveteurs le tiers de la valeur des effets naufragés trouvés

(1) Courcy, *loc. cit.*, t. 3, p. 27 et 28.

en pleine mer ou tirés de son fond, le droit conféré par la simple assistance devra être nécessairement inférieur à ce tiers. Le maximum du droit d'assistance doit donc être inférieur au tiers de la valeur de la chose sauvée ; il y a là pour les tribunaux une limite extrême ». Cette distinction entre les droits de secours et de sauvetage a été fort critiquée au sein de la commission qui a préparé la loi allemande du 17 mai 1874 relative aux naufrages. On a fait remarquer qu'au lieu de porter secours au navire dans le but de prévenir le naufrage, on laisserait ce naufrage s'accomplir, afin de profiter d'une prime plus élevée. En admettant que la rémunération d'assistance ne doive pas dépasser le tiers de la valeur de la chose sauvée, elle n'en est pas moins difficile à déterminer, surtout lorsque le navire assisté et la cargaison sont d'une grande valeur. Aussi, est-il important de rechercher les éléments dont le juge devra tenir compte pour la fixer équitablement.

Le Congrès d'Anvers de 1885 avait déterminé de la façon suivante les circonstances que l'on devait prendre en considération. La résolution 44, 4° disait que l'on devait surtout tenir compte du « zèle déployé, du temps employé, du service rendu au navire, aux personnes et aux choses, des dépenses faites, du nombre des personnes intervenues activement, du danger auquel ces personnes avaient été exposées, des dangers qui menaçaient le navire, les personnes et les choses sauvées, enfin de la valeur dernière de la chose sauvée ». La résolution votée par le Congrès de Bruxelles est plus juste et d'une rédaction plus heureuse : « L'assistance est ré-

munérée d'après les règles de l'équité. Il est surtout
tenu compte d'une part, du temps et du personnel employés, des dépenses faites, des pertes subies et des
dangers courus par l'assistant ; d'autre part des services rendus au navire, aux personnes et aux choses assistés. Les services s'apprécient d'après la valeur dernière des choses sauvées, frais déduits » (art. 4). Voilà le
vrai principe : l'assistance est rémunérée d'après les
règles de l'équité. L'énumération de cet article 4 est un
guide pour le juge ; il devra *surtout* tenir compte des
circonstances qu'on lui indique. On ne peut pas les lui
indiquer toutes, ni lui dire à l'avance quel élément
viendra en première ligne : cela dépendra des faits de la
cause. La jurisprudence est en ce sens. Un jugement
du tribunal de commerce du Hâvre (28 av. 86, R. I. D.
M., t. 1, p. 375) décide que la rémunération de l'assistant devait être calculée dans l'espèce sur laquelle il
avait à se prononcer, tant d'après la gravité de la position du navire secouru que d'après les dangers courus
par l'assistant. Un autre jugement du tribunal de commerce du Hâvre (29 mai 1879, H. 80. 1.. 40) propor-
tionne la rémunération à l'importance du service rendu.
Le tribunal de La Rochelle (7 déc. 83, H. 84. 2. 51) cal-
cule la rémunération de l'assistant d'après la valeur
du navire assisté, la durée de l'assistance, les risques
courus et le préjudice éprouvé par l'assistant en raison
de son déroutement et du retard causé par l'interruption de son voyage. Enfin, dans une hypothèse où il y
avait eu une promesse faite au moment du danger, le
tribunal du Hâvre (8 déc. 79, H. 80. 1.43) décida d'une

façon générale qu'il appartenait aux tribunaux d'apprécier, au besoin de réduire la rémunération promise au moment du danger, et de la fixer d'après les règles de l'équité.

§ 4. — *Qui doit payer les frais de sauvetage et la rémunération d'assistance ?*

En principe, tous ceux qui profitent du sauvetage ou de l'assistance doivent contribuer au paiement des frais de sauvetage ou de la rémunération d'assistance. En conséquence, sont soumis à la contribution : le propriétaire des marchandises qui, grâce au sauvetage ou à l'assistance ne perd pas ses marchandises ; le propriétaire du navire qui sauve son navire et son fret ou tout au moins gagne le fret des marchandises sauvées en cas de perte du navire. Les personnes seules ne participent pas au paiement de ces frais. On a reculé devant la difficulté pratique d'évaluer la part contributive de chacune des personnes sauvées. M. de Courcy (1), en cas d'assistance, est partisan de la contribution des personnes. « Si l'on admet, dit-il, qu'une récompense est due pour les secours donnés aux choses, je n'aperçois pas de raison de la repousser pour les secours apportés aux personnes, et de dispenser le passager riche de rémunérer le plus signalé service qui puisse lui être rendu ». Cette opinion n'a pas prévalu. Le congrès d'Anvers de 1885 décide que « les passagers dont la vie a été sauvée

(1) Courcy, *Questions de Droit maritime*, t. 3, p. 40.

ne doivent pas contribuer à la rémunération spéciale d'assistance ».

La contribution du propriétaire des marchandises n'a jamais été contestée. Il existe, au contraire, une grave controverse sur la part contributive du propriétaire du navire. Quand un navire fait naufrage au port de destination et que les marchandises sont sauvées, le fret est dû en totalité (art. 307 et 310, Com.). Il ne serait pas dû du tout si les marchandises avaient péri (art. 302, Com.). Quand le naufrage se produit avant d'arriver au port de destination, il est dû un fret proportionnel sur les marchandises sauvées (art. 303, al. 1, Com.). Il semble évident que le fret, comme toute chose sauvée, doive supporter sa part des dépenses qui l'ont sauvé. Cependant, de nombreuses décisions de jurisprudence repoussent l'obligation pour l'armateur de contribuer sur le fret (1). On ne saurait trop critiquer cette doctrine. « Il est juste, dit M. Lyon-Caen (2), que ceux auxquels le sauvetage a profité contribuent aux dépenses qu'il a causées. Or, le sauvetage ne profite pas seulement aux propriétaires des marchandises ; il profite aussi à l'armateur, en ce sens qu'il n'aurait pas touché de fret si toutes les marchandises avaient péri ». Pour repousser la contribution du fret, le tribunal du Hâvre, dans le jugement que nous venons de citer, se fonde sur ce que l'article 303, alinéa 1, parle du paiement du fret sans mentionner l'obligation de contribuer aux dépenses de sau-

(1) V. notamment, jugement du tribunal du Hâvre, 27 décembre 87. R. I. D. M. 87-88, p. 574.

(2) *Revue critique*, 1889, p. 621.

vetage. On peut répondre que cela importe peu, attendu que cette obligation dérive des principes généraux du droit.

Quand un navire a été trouvé abandonné en mer, le propriétaire du navire ne touche que les deux tiers de son fret (1). Cela est de toute équité. En bonne justice, ce fret devrait contribuer puisque c'est grâce au sauvetage qu'il est acquis au propriétaire du navire. Tel le n'est pourtant pas la solution adoptée par la jurisprudence (2). La jurisprudence invoque l'article 303 du Code de commerce : « Si le navire et les marchandises sont rachetés, ou si les marchandises sont sauvées du naufrage, le capitaine est payé du fret jusqu'au lieu de la prise ou du naufrage ». De grâce, dit M. de Courcy, qu'on veuille bien lire le second paragraphe du même article : « Il est payé du fret entier, *en contribuant au rachat*, s'il conduit les marchandises au lieu de leur destination ». En contribuant au rachat *ou au sauvetage*. Le texte ne le dit pas parce qu'il est mal rédigé. La symétrie de l'article exige qu'il soit complété par l'addition de ces mots : ou au sauvetage. La justice et l'équité le veulent ainsi. La jurisprudence admet que le fret est dû, mais ne contribue pas. Cette solution qui se fonde sur le silence de l'article 303 doit être rejetée. M. de Courcy va plus loin. Il admet que dans cette seconde hypothèse de sauvetage, le fret n'est pas dû. C'est une opinion qui peut parfaitement être soutenue. Il est évident que dans ce cas, le

(1) Jugement du trib. de commerce de Marseille du 9 juillet 1867, rapporté par M. de Courcy dans la R. I. D. M., t. 1, p. 75.
(2) *Revue Internationale de Droit maritime*, t. 1, p. 79, article de M. de Courcy.

fret n'étant pas dû ne contribuerait pas aux frais de sauvetage. Mais si l'on admet qu'il est dû, on doit forcément être partisan de la contribution.

Dans la troisième hypothèse de sauvetage, l'article 303 sainement interprété, conduit à admettre la contribution du fret des marchandises sauvées.

La part contributive des intéressés qui ont profité du sauvetage est déterminée soit par le commissaire de l'inscription maritime lorsque les opérations du sauvetage ont été dirigées par l'administration de la marine ou que le sauvetage d'un navire abandonné en mer a été opéré par un navire de l'État, soit par les intéressés eux-mêmes, lorsque les opérations du sauvetage ont été faites sous leur direction ou que le navire perdu en pleine mer a été sauvé par des particuliers. Une dépêche du ministre de la marine du 16 juin 1826 décide que l'état liquidatif dressé par les commissaires de l'inscription maritime doit être revêtu de la sanction du ministre. Les résultats présentés par la liquidation sont notifiés aux propriétaires du navire et de la cargaison. Ils doivent donner leur assentiment par écrit. A défaut d'adhésion, ils ont trois mois pour se pourvoir devant le Conseil d'État (dépêche du 22 oct. et 19 nov. 1833). Quand le sauvetage a été opéré par des particuliers, les contestations qui peuvent s'élever entre le sauveteur et le sauveté sont soumises aux tribunaux ordinaires.

Il nous reste à dire un mot du paiement de la rémunération d'assistance. Le principe que nous avons posé au début reçoit ici encore son application. Tous ceux qui ont profité de l'assistance, sauf les personnes, doivent contribuer au paiement de la rémunération de l'assistant. Grâce à l'assistance, les propriétaires de marchandises reçoivent leurs marchandises ; le propriétaire du navire ne perd pas son navire et gagne son fret... Ces divers intéressés devront contribuer au paiement de la rémunération dans la mesure du profit qu'ils tirent de l'assistance.

§ 5. — *A qui doit-on payer les frais de sauvetage et la rémunération d'assistance ?*

Lorsque le sauvetage porte sur des effets naufragés jetés par les flots sur le rivage, il n'est dû au sauveteur qu'un simple salaire basé sur le prix de la journée. Mais lorsque les objets ont été sauvés en pleine mer ou retirés du fond de la mer, la répartition des frais de sauvetage est souvent fort difficile à opérer. Nous l'avons vu, tous ceux qui ont contribué au sauvetage, qui ont concouru à l'assistance doivent recevoir une part de l'allocation. Recherchons donc : 1° quelles personnes doivent être considérées comme ayant contribué au sauvetage et à l'assistance ; 2° dans quelle proportion aura lieu la répartition de l'allocation.

D'abord, les personnes doivent-elles seules être considérées comme ayant contribué au sauvetage ; en d'autres termes, le capitaine et les gens de l'équipage ont-ils seuls des droits sur la rétribution ? Evidemment non. Le navire sauveteur ou assistant étant l'instrument du sauvetage ou de l'assistance, il est juste d'attribuer certains droits à l'armateur, d'autant plus que si le navire avait subi des avaries ou se fût perdu dans le cours de l'opération, ces dommages eussent été à la charge de l'armateur. Celui-ci a donc couru des risques dont on doit lui tenir compte. Ce n'est pas tout : l'affréteur, lui aussi, devrait obtenir une certaine part de l'indemnité. Comme l'armateur, il a couru des risques, ses marchandises auraient pu s'avarier, se perdre même dans le cours de l'opération. Sans aller si loin, le retard occasionné par le sauvetage doit être considéré comme un dommage suffisant pour lui donner certains droits. En France (1), cependant, il n'en a aucun. L'armateur, le capitaine et les gens de l'équipage qui ont concouru au sauvetage ou à l'assistance peuvent seuls réclamer une certaine part de l'allocation.

Dans quelle proportion la somme due aux intéressés sera-t-elle répartie entre eux ? D'après une décision ministérielle du 17 novembre 1826, le partage de la part revenant au sauveteur s'opère de la manière suivante : Si le bâtiment est armé au mois ou au voyage, un tiers au propriétaire du navire et les deux autres tiers aux gens de l'équipage entre lesquels ces deux tiers sont répartis dans la proportion des salaires. Si le bâtiment est armé à la part, la répartition est faite entre le propriétaire et les gens de l'équipage selon la stipulation de leur contrat.

Les passagers sont exclus du partage de l'indemnité.

---

(1) La jurispr. belge (*Jurispr. Anvers*, 75, p. 211) et la jurispr. anglaise (Haute Cour de justice, division de l'Amirauté, 5 déc. 76, *Journal dr. inter. pr.*, 77, p. 59) accordent à l'*affréteur* une certaine part de la rétribution de sauvetage.

Toutefois, ils doivent être payés de leur travail, de leurs peines et des dangers qu'ils ont courus (1).

Lorsque plusieurs bâtiments ont concouru au sauvetage, le partage du tiers accordé au sauveteur est opéré en raison du nombre respectif des hommes composant leurs équipages (décision du 17 nov. 1826 et circulaire du 3 fév. 1827).

Il n'existe pas de texte, en France, sur la répartition de la rémunération d'assistance. Les décisions de la jurisprudence sont basées sur l'équité. Un jugement du tribunal de commerce de Marseille (2) a accordé au second d'un navire et au matelot qui avaient ramené à son port de destination un navire errant sans direction par suite d'une maladie épidémique qui sévissait à bord, une rémunération calculée d'après le service rendu à l'armement, le danger couru par le sauveteur et le préjudice éprouvé par lui par suite de la rupture de son contrat d'engagement. Ainsi encore, un jugement du tribunal du Hâvre (3) a réparti la rémunération d'assistance entre le capitaine, l'équipage et l'armement du navire assistant. Enfin, il a été décidé par ce même tribunal du Hâvre (4) que le second qui conduit le navire a droit à une indemnité personnelle indépendante de celle allouée à l'armement.

(1) Valin, sur l'article 27 de l'ordonnance.
(2) Marseille, 29 mars 1848, *J. de jurisp. de Mars.*, t. 29. 1. 57.
(3) Hâvre, 2 juillet 1852, *J. de jurispr. du Hâvre*, t. 55. 1. 1.
(4) Hâvre, 17 juillet 1872, *J. de jurispr. du Hâvre*, t. 72. 1. 165.

§ 6. — *Lorsque le sauvetage a été opéré, l'assistance prêtée par des navires ou des agents d'une même compagnie, le sauveteur ou l'assistant peut-il demander une rétribution ?*

Il existe en France un certain nombre de compagnies de navigation dont les paquebots partant à jour fixe de points extrêmes dans des directions contraires sont destinés à se rencontrer presqu'infailliblement. On conçoit donc qu'en cas d'accident le secours puisse être prêté par un navire appartenant à la même compagnie. L'assistant aura-t-il le droit de demander une rémunération ? La solution serait la même s'il s'agissait d'un sauvetage. Cette hypothèse est loin d'être chimérique ; elle s'est présentée à plusieurs reprises en pratique, mais jamais, à notre connaissance, les difficultés qu'elle a pu soulever n'ont été soumises aux tribunaux. Il importe cependant de prendre parti. L'assistant a-t-il des droits ? Deux opinions sont en présence. D'après l'une, l'assistant n'a aucun droit ; d'après l'autre, le fait que le sauveteur et le sauvé, l'assistant et l'assisté appartiennent à la même compagnie ne serait d'aucune importance.

Pour M. de Courcy (1), l'assistant ne peut rien réclamer et n'a aucun droit, Si, dit-il, le navire était vide et n'était pas assuré, la question ne naîtrait pas faute d'intérêt. Ce n'est pas notre avis. Trois hypothèses peuvent se présenter : 1° l'assistant seul est vide et non assuré ; 2° l'assisté seul est vide et non assuré ; 3° l'assistant et l'assisté sont vides et non assurés. Nous disons que dans

(1) Courcy, *loc. cit.*, 3ᵉ série, p. 34.

ces trois cas il y a intérêt à ce qu'une rémunération soit
accordée. En effet, la rémunération d'assistance n'est
pas attribuée exclusivement au propriétaire du navire
assistant ; elle profite également, nous l'avons vu, au
capitaine, aux gens de l'équipage, et peut-être aux chargeurs. Si donc dans la première hypothèse l'assistant
n'a ni chargeur, ni assureur, il reste le capitaine et les
gens de l'équipage, lesquels profiteront de la rémunération dans une mesure déterminée. Dans la seconde
hypothèse, au capitaine et aux gens de l'équipage viendra se joindre une autre catégorie d'intéressés, les chargeurs. Enfin, dans le dernier cas, l'assistant et l'assisté
étant tous deux vides et non assurés, le capitaine et les
gens de l'équipage auront encore intérêt à ce qu'une rémunération d'assistance soit accordée. En somme, une
seule personne n'a pas d'intérêt, c'est le propriétaire des
deux navires : la partie de la rémunération revenant à
l'armement de l'assistant s'éteint par confusion.

Telle est l'opinion de M. Sainctelette (1). D'après cet
auteur, « lorsque l'assistant et le secouru appartiennent
à la même compagnie, il n'y a pour le législateur aucune
raison d'imposer ici plutôt qu'ailleurs le dévouement
gratuit. Que les deux navires soient aux mêmes quira-
taires ou à des partenaires différents, toutes les circonstances considérables de l'événement n'en gardent pas
moins leur signification et leur importance. Il serait ini-
que de dépouiller les ayants cause d'un navire assistant
d'un droit qui leur est légalement acquis, sous le prétexte d'une éventualité qui n'a pas été contractuellement

(1) Sainctelette, *Etude sur l'ass. mar.*, p. 19.

écartée et que cependant il était naturel et facile de pré-
voir ».

SECTION IV. — **Tribunaux compétents.**

On ne saurait poser une règle générale de compétence
applicable au sauvetage et à l'assistance. L'action, en
effet, peut être intentée contre un particulier ou contre
l'État ; ce particulier peut être commerçant ou non-com-
merçant ; cet État peut être un État étranger. D'autre
part, la loi elle-même a établi dans certains cas, notamment en matière d'assistance obligatoire une compétence
spéciale. Ces situations diverses comportent des solu-
tions différentes.

§ 1er. — *Compétence en cas de sauvetage.*

a) Le navire est échoué sur le rivage. On sait que les
opérations du sauvetage peuvent être dirigées par les autorités maritimes du littoral. Le règlement du sauvetage
est fait par le ministre de la marine sur la proposition
du chef maritime de l'arrondissement ou du sous-arron-
dissement, lorsque le salaire des sauveteurs excède le
quart de la valeur du navire ou s'élève à plus de 150 fr.
Dans ces dernières limites, le règlement est fait par le
chef du service maritime (Circ. minis. du 25 mai 1821).
Si les intéressés s'adressaient aux tribunaux, le préfet
devrait élever un conflit (Dép. du 8 nov. 1822).

Cependant le sauvetage peut être dirigé par les propriétaires et même par les assureurs du navire et des
marchandises. L'administration de la marine est alors

tenue de se retirer (art. 17, liv. IV, tit. IX, ordon. de 1681 ; déclar. 10 janv. 1770 ; arr. 17 floréal an IX, art. 1 ; dépêche du 27 mai 1823). Supposons alors que les sauveteurs du navire naufragé, n'ayant pu s'entendre avec le capitaine, intentent contre celui-ci une action en paiement du prix du sauvetage. Quel sera le tribunal compétent ? Cela dépend : ou l'action est intentée contre un particulier propriétaire du navire, ou elle est intentée contre l'État ou un officier de la marine.

Lorsque le sauveteur agit contre un particulier, il faut faire une sous distinction, car le navire peut être un navire de commerce ou un bâtiment de plaisance. Dans le premier cas, le propriétaire étant commerçant, le sauveteur aura le choix de porter son action devant le tribunal civil ou devant le tribunal de commerce en vertu de la théorie de l'accessoire. S'il s'agit du sauvetage d'un bâtiment de plaisance, le tribunal civil sera seul compétent. Telles sont *ratione materiæ* les règles de compétence à appliquer ; mais parmi les tribunaux civils ou de commerce compétents, quel est le tribunal compétent à l'exclusion des autres ? Comme nous sommes ici en matière personnelle, on doit appliquer les articles 59 et 420 du Code de procédure, c'est-à-dire que le tribunal du domicile du défendeur doit être seul compétent (art. 59, C. pr.) lorsque celui-ci n'est pas commerçant, ce qui se présentera quand le navire sauvé sera un bâtiment de plaisance. Au contraire, lorsqu'il s'agit du sauvetage d'un navire de commerce, le sauveteur aura le choix de porter son action devant le tribunal du domicile du défendeur ou devant le tribunal du lieu du naufrage (420, C. pr.). On peut dire, en effet, que le lieu du naufrage est l'endroit où la promesse a été faite ou celui dans l'arrondissement duquel le paiement doit être effectué. Remarquons que si le navire sauvé appartenait à un étranger, commerçant ou non commerçant, il pourrait être poursuivi devant les tribunaux français, alors même qu'il n'aurait ni domicile ni résidence en France en vertu de l'article 14 du Code civil.

b) Dans la seconde hypothèse de sauvetage, le sauveteur du navire abandonné doit faire dans les 24 heures la déclaration du sauvetage à l'autorité maritime (art. 19, ordonn. de 1681) sous peine de perdre la rétribution que lui accorde l'article 27 de l'ordonnance de 1681 et les articles 1 et 2 de la loi du 26 nivôse an VI lorsqu'il s'agit du sauvetage d'un navire ennemi. La circulaire du 16 novembre 1821 lui permet d'opter entre l'indemnité du tiers des objets sauvés et le montant des dépenses utiles et justifiées faites pour le sauvetage. Le règlement de cette indemnité est fait par le commissaire de l'inscription maritime, lorsque le sauvetage a été opéré par un navire de l'État. Il doit être approuvé par le ministre. Comme toute décision au contentieux, il peut donner lieu à un pourvoi au conseil d'État. Si les intéressés s'adressaient aux tribunaux, le préfet devrait élever un conflit (dép., 8 nov. 1822). Les tribunaux ordinaires ne sont compétents que dans le cas où le sauvetage du navire abandonné a été opéré par un bâtiment appartenant à un particulier (1).

(1) Cass. 6 mai 1884, S. 84. 1. 237.

Lorsqu'il y a plusieurs sauveteurs, la compétence du ministre de la marine devant statuer sur les difficultés relatives au partage de la prime de sauvetage n'existe qu'autant que le sauvetage a été opéré par les bâtiments de l'État ou avec leur concours ; le ministre est incompétent lorsque ce sont des navires marchands qui seuls ont fait le sauvetage ; dans ce cas, les difficultés qui s'élèvent entre sauveteurs sont de la compétence de l'autorité judiciaire et non de l'autorité administrative. C'est ce que décide un avis du Conseil d'État du 30 janvier 1828 ainsi conçu : « Charles, etc... Considérant qu'il ne s'agit dans l'espèce que du partage à faire entre des sauveteurs de la prime que l'article 27 de l'ordonnance de 1681 accorde à ceux qui ont fait un sauvetage ; qu'aux termes de l'arrêté du 27 mars 1800 (6 germinal an VIII) auquel se réfère celui du 7 mai 1801 (17 floréal an IX), notre ministre de la marine serait compétent si les bâtiments de l'État avaient fait le sauvetage ou y avaient concouru ; mais que le sauvetage ayant été opéré par des bâtiments de commerce, sans le concours des bâtiments de l'État, les contestations qui peuvent s'élever sur le partage de la prime entre lesdits bâtiments sont de la compétence des tribunaux, etc. ».

Les besoins de la pratique conduisent à reconnaître compétence à plusieurs tribunaux lorsque le sauvetage d'un navire abandonné a été opéré par un bâtiment appartenant à un particulier. La compétence du tribunal du port d'attache du navire sauveteur a toujours été admise (Cass., 6 mai 1884, S. 84. 1. 337). Il nous paraît certain que les tribunaux du lieu où le navire sauvé aura été ramené, celui de son port d'attache, peut-être même celui de son port de destination, etc..., devraient se déclarer compétents s'ils étaient saisis.

c) Il nous reste à rechercher quel tribunal est compétent dans le dernier cas de sauvetage. On n'a pas oublié que le propriétaire avait un certain délai pour entreprendre lui-même le sauvetage de son navire englouti. Le délai passé, l'État peut concéder l'entreprise à un tiers, lequel d'après la déclaration de 1735 a droit aux huit-dixièmes de la chose sauvée. Deux ordres de contestations peuvent s'élever. Il peut y avoir débat entre le propriétaire ou l'entrepreneur d'une part avec les ouvriers, scaphandres ou plongeurs engagés par eux. Ce cas ne présente aucune espèce de difficulté : le débat devrait être porté devant les tribunaux ordinaires. Mais le concessionnaire peut avoir à soutenir un procès contre l'État, soit au sujet de la concession elle-même, soit au sujet de la part qui doit revenir à l'État. La juridiction administrative sera compétente.

§ 2. — *Compétence en cas d'assistance obligatoire.*

L'assistance obligatoire à la suite d'un abordage peut donner naissance à deux actions : 1° à une action pénale pour défaut d'assistance, lorsque les prescriptions des articles 4 et 5 de la loi du 10 mars 1891 n'ont pas été observées ; 2° à une action civile de la part des intéressés. Quels tribunaux seront compétents dans ces deux cas ?

Le défaut d'assistance d'après la loi du 10 mars 1891

constitue un délit. La connaissance de ce délit appartient « à la juridiction des tribunaux maritimes commerciaux institués par le Code disciplinaire et pénal de
la marine marchande du 24 mars 1852 » (art. 10, loi de
1891). Il avait été question dans le premier projet de
loi du gouvernement de 1877 d'attribuer compétence
tantôt aux tribunaux maritimes commerciaux institués
par la loi du 24 mars 1852 (art. 12 à 15) lorsque l'infraction prévue par les articles 4 et 5 de la loi de 1891 aurait
été commise par des particuliers, tantôt aux tribunaux
maritimes militaires permanents institués par la loi du
4 juin 1858 (art. 34 et suiv.) lorsque le délit aurait été
commis par un officier de la marine de l'État. Le gouvernement recula devant les critiques que soulèverait
devant le Parlement l'attribution de compétence d'un
même délit à des juridictions si différentes dans leur
origine, leur caractère et leur composition. Le projet de
1882 supprima la compétence des tribunaux militaires
et organisa une juridiction nouvelle à laquelle on donna
le nom de « tribunal des naufrages ». Mais la commission du Sénat ne voulut pas créer une juridiction que ne
justifiait pas suffisamment le nombre des affaires qui
auraient pu être portées annuellement devant elle. La
statistique, en effet, d'après le rapport de M. Mir à la
Chambre des députés, n'évalue pas à plus de 150 par an
le nombre des procès qui auraient été répartis entre les
tribunaux des naufrages. Dans ces conditions, le Sénat
a adopté la juridiction des tribunaux maritimes commerciaux à laquelle le projet du gouvernement lui-même
attribuait déjà la connaissance des contraventions pré-

vues par l'article 1ᵉʳ de la loi. Toutefois, la composition
du tribunal commercial maritime n'est pas réglée par le
décret du 24 mars 1852 lorsqu'il s'agit de réprimer une
infraction aux articles 4 et 5, c'est-à-dire le délit de défaut d'assistance dans les cas où elle est obligatoire.
L'article 11 (loi de 1891) en règle la composition lorsque
le délit a été commis par un capitaine au long cours
c'est-à-dire par un civil. Lorsque le délit a été commis
par « un officier appartenant au corps de la marine », la
composition du tribunal est alors réglée par l'article 12.
Remarquons qu'il s'agit d'un officier de marine commandant un *navire de commerce* (art. 12). Le commandant d'un navire de *l'État* qui se rendrait coupable du
délit de défaut d'assistance serait traduit devant un conseil de guerre. C'est ce que l'on peut induire de l'article 22 de notre nouvelle loi. Cet article est ainsi conçu :
« Les commandants, les officiers et les marins des bâtiments de l'État continuent à être soumis, *pour tous les
faits relatifs aux abordages* (par conséquent, pour le
délit de défaut d'assistance à la suite d'un abordage),
aux règles et juridictions instituées par le Code de justice militaire du 4 juin 1858... »

Le tribunal commercial maritime appelé à juger un
capitaine qui n'a pas prêté assistance dans les cas où
l'assistance est obligatoire (art. 4 et 5 loi de 1891) diffère
du tribunal commercial maritime du décret du 24 mars
1852 d'abord par sa composition. De plus, il se réunit
toujours dans un port de France (art. 11). Au contraire, le tribunal commercial maritime du décret du
24 mars 1852 peut fonctionner aussi bien sur un navire

de l'État (art. 12 de ce décret) que dans un port de France
ou des colonies (art. 14), ou même dans un port étranger (art. 15). Quant à la façon de saisir le tribunal commercial maritime du délit consistant dans le défaut d'assistance à la suite d'un abordage, l'article 14 nous dit
que « les commandants des bâtiments de l'État, les consuls et les commissaires de l'inscription maritime ont
qualité pour faire rechercher et constater les délits
prévus notamment par les articles 4 et 5 de la présente
loi ; pour recevoir à leur sujet les plaintes des capitaines
et des passagers des navires de commerce, etc... » Le
résultat de l'enquête est transmis au ministre de la marine. Si celui-ci juge que le délit signalé doit être déféré
au tribunal maritime commercial composé conformément à l'article 11 de la loi de 1891, il ordonne la formation de ce tribunal dans le chef-lieu d'arrondissement
ou dans l'arrondissement maritime où il lui paraît le
plus facile de procéder à l'instruction de l'affaire (art. 15).
Le tribunal ainsi convoqué ne peut prononcer que la
peine écrite dans les articles 4 et 5 ou acquitter. Il est
incompétent pour connaître de l'action civile. L'article 21 le dit expressément. Pourtant de graves intérêts
pécuniaires peuvent être engagés. Devant quel tribunal
les parties devront-elles porter leurs réclamations ? Cette
question revient à se demander quels tribunaux sont
compétents en matière d'abordage.

L'action civile résulte beaucoup plus de l'abordage
que du défaut d'assistance. Elle s'y rattache néanmoins,
car si l'assistance avait été prêtée, elle n'aurait peut-
être pas pris naissance. Nos lois sont muettes sur la

compétence en matière d'abordage. Pour résoudre les difficultés assez nombreuses qui se présentent, on distingue si l'action en indemnité est intentée contre un particulier, contre l'État ou contre un officier de marine de l'État. L'action en indemnité intentée à raison d'un abordage causé par un navire appartenant à un particulier commerçant doit être portée devant le tribunal de commerce qui est seul compétent, lorsque l'abordé est aussi commerçant. Au contraire, l'abordé non commerçant aurait le choix d'agir devant le tribunal de commerce ou devant le tribunal civil. — Si l'abordeur n'était pas commerçant, l'action de l'abordé devrait être nécessairement portée devant le tribunal civil. La Cour d'appel de la Guadeloupe, le 3 août 1885 (1), a décidé que le tribunal du domicile de l'abordeur était seul compétent. Au point de vue théorique, c'est certainement la meilleure solution, car il s'agit d'une action personnelle en somme. Mais au point de vue pratique cette solution est très incommode. Aussi, reconnaît-on généralement compétence au tribunal du port le plus voisin du sinistre, à celui du port où les navires se sont réfugiés, à celui du lieu de destination de l'abordeur ou du port où l'abordeur a été rencontré, etc... On argumente de l'article 420 du Code de procédure sans prendre garde que cet article est écrit pour les matières contractuelles et non délictuelles. — Lorsque l'abordeur est un navire de l'État, la juridiction administrative est compétente, car l'État n'ayant pas agi comme personne privée ne peut être déclaré débiteur par les tribunaux ordinaires. Si l'action

(1) R. I. D. M., t 1, p. 364 et suiv.

est dirigée contre le commandant, c'est-à-dire contre un fonctionnaire, les tribunaux judiciaires sont compétents, à moins qu'il ne faille interpréter des règlements administratifs. — On peut enfin envisager une dernière hypothèse : l'abordeur étant un navire de guerre étranger, aucune juridiction civile ou administrative ne sera compétente, car l'État étranger faisant acte de souveraineté en envoyant naviguer ses navires de guerre, ce serait porter atteinte à cette souveraineté que d'attribuer compétence à un tribunal autre que celui de la nation à laquelle appartient ce navire.

§ 3. — *Compétence en cas d'assistance facultative.*

L'assistance constituant un contrat ou un quasi-contrat, les principes conduisent à attribuer compétence au tribunal du domicile du défendeur. Ce tribunal n'est pas seul compétent. Pour des raisons pratiques spéciales au droit maritime, on doit encore admettre la compétence du tribunal du port d'attache de l'assisté, celui de son port de relâche, etc...

Au cas où l'un des deux contractants serait un navire de guerre, la règle à suivre paraît devoir être la suivante : lorsqu'une convention d'assistance est faite, il est loisible au commandant du vaisseau qui représente l'État, de convenir que la rémunération à allouer sera arbitrée par les tribunaux de tel ou tel pays. C'est une simple élection de compétence certainement permise en vertu du principe de la liberté des conventions. En cas de silence des contractants, le tribunal compétent sera celui de l'État auquel appartient le navire de guerre. C'est une conséquence de l'indépendance respective des États souverains. « Un État n'est justiciable d'aucun tribunal étranger, non seulement à raison des actes accomplis dans l'exercice de sa souveraineté, mais encore des contrats passés par lui-même en dehors de son territoire et avec des étrangers (1) ». On peut se demander si l'État étranger demandeur ne pourrait pas recourir aux tribunaux dont serait justiciable son cocontractant, si cet État avait été un particulier. M. Renault répond dans la note précitée qu'il peut le faire, « mais cela n'emporte pas cette conséquence nécessaire que ces tribunaux appliqueront leur propre loi ; ils appliqueront la loi qui, d'après les circonstances, régit la convention ». Dans notre espèce, le tribunal français qui serait saisi par un État étranger dont un navire de guerre aurait prêté assistance à un français, devrait appliquer la loi de cet État en vertu du principe du droit des gens d'après lequel tout État qui traite avec un français (ou avec un étranger quelconque) est présumé dans le silence de la convention traiter sous l'empire de ses propres lois.

APPENDICE

§ 1er. — *L'assureur est-il tenu des frais de sauvetage et de la rémunération d'assistance ?*

En principe, les frais de sauvetage d'un navire qui a été jeté à la côte ou qui s'est échoué avec bris sont à la

(1) S. 77.2.25. Note de M. Renault. Conf. Cass., 22 janv. 1849. S. 49.1.81.

charge de l'assureur. Nous disons en principe, car s'il était prouvé que le naufrage ou l'échouement résultait d'une faute du capitaine, l'assureur n'aurait à payer à l'assuré ni les frais de sauvetage, ni même la valeur du navire perdu, ne répondant pas de la baraterie de patron (art. 353, C. com.). Cela supposerait que l'assureur par une clause spéciale de la police n'a pas pris à sa charge la garantie de la faute du capitaine ; mais cette clause est de style dans les polices d'assurances françaises. La police française d'assurance sur corps dispose dans son article 3 que « les assureurs sont exempts quant à la garantie de la baraterie des faits de dol et de fraude du capitaine... », par conséquent ils répondent de la simple faute.

Le naufrage et l'échouement sont des risques de mer qui sont à la charge de l'assureur. Si le navire et les marchandises étaient totalement perdus, l'assureur devrait l'intégralité de la somme assurée. C'est bien plus dans son intérêt que dans l'intérêt du propriétaire qu'il y a lieu de procéder au sauvetage ; c'est autant de moins qu'il aura à payer ; il est donc juste qu'il supporte les frais occasionnés par le sauvetage. Toutefois, comme le plus souvent il ne sera pas présent sur les lieux du sinistre et n'aura pris aucune part au sauvetage, la loi fixe une limite que les frais qu'il aura à payer à l'assuré ne pourra dépasser. Cette limite est la valeur des choses sauvées. Les frais avancés par l'assuré lui seront remboursés par l'assureur mais seulement « jusqu'à concurrence de la valeur des effets recouvrés » (art. 381, C. com.) (1). Que l'assuré apporte donc une grande modération dans les dépenses occasionnées par le sauvetage, car si le produit de cette opération ne couvrait point les frais, l'excédent resterait à sa charge (2). C'est une solution d'équité. Si on imposait à l'assureur l'obligation de payer des frais de sauvetage dépassant la valeur des choses sauvées, sous prétexte que ces frais ont été faits dans son intérêt, on arriverait à dénaturer le contrat d'assistance qui est un contrat d'indemnité. En outre, l'assureur serait en droit de dire qu'il ne peut être rendu responsable de frais auxquels il est resté étranger et qu'il n'aurait certainement pas faits s'il avait été présent. Les frais de sauvetage resteront donc à la charge de l'assuré pour tout ce qui dépasse la valeur de la chose sauvée (art. 381, C. com.). Cette limitation en faveur de l'assureur existe, alors même qu'il y a délaissement. Il est bien vrai que dans ce cas l'assuré devient le préposé de l'assureur et que la propriété de la chose assurée passe aux mains de l'assureur avec les charges dont elle est grevée, mais l'étendue de ces charges est précisément, en ce qui concerne les frais de sauvetage, limitée par la loi elle-même à la valeur des effets recouvrés (art. 381, C. com.) (3).

Passons au second cas de sauvetage. Le sauveteur d'un navire abandonné en mer a droit au tiers de la valeur du navire sauvé. Il en résulte que le propriétaire de ce dernier ne recouvrant que les deux tiers de sa propriété

---

(1) Trib. de com. de Marseille, 24 mai 1832, *J. de jurispr. de Marseille*, 32-33, 1, 185.

(2) Cass., 25 nov. 72, S. 73. 1. 203.

(3) Valroger, *Dr. mar.*, t. 1, n° 473.

fait une perte correspondant aux droits du sauveteur.
L'assureur en est-il tenu ? Cela dépend. L'abandon peut
d'abord résulter d'un cas de force majeure. Cette hypothèse doit être assimilée à une fortune de mer dont il
répond ; mais l'abandon peut aussi être fautif. Il faudra
alors distinguer si l'assureur a pris ou non à sa charge
la baraterie de patron. Nous avons vu que d'après l'article 3 de la police française d'assurance sur corps, l'assureur répond de la faute du capitaine. L'assureur sera
donc presque toujours tenu de payer au propriétaire le
tiers de la valeur de la chose sauvée qui revient au sauveteur. Mais il suffit que l'assureur puisse ne pas répondre de la faute du capitaine pour justifier la distinction
que nous avons faite.

Lorsque le navire a coulé bas, la perte étant consommée, l'assureur doit acquitter entre les mains de l'assuré le montant de l'assurance. L'assureur qui entre-
prendrait le relèvement du navire après le délaissement
devrait naturellement supporter les frais de sauvetage
c'est-à-dire de relèvement.

La rémunération d'assistance est à la charge de l'assureur. En effet, l'assureur ne répond pas seulement des
dommages matériels arrivés au navire et à la cargaison,
mais aussi des dépenses extraordinaires faites pour la
chose assurée. Or, la rémunération d'assistance est une
dépense extraordinaire faite dans l'intérêt de l'assuré (1)

---

(1) Le tribunal d'Anvers (*Jurisp. d'Anvers*, 83. 1. 275) a jugé que l'armateur de deux bâtiments à vapeur qui avec l'un d'eux rend des services
maritimes à l'autre, a le droit de réclamer aux assureurs de ce dernier
une rémunération d'assistance proportionnée au service rendu, sauf à
tenir compte de l'obligation imposée à l'assuré de prêter ses services
personnels pour atténuer le dommage résultant du sinistre assuré.

S'il y a un assureur unique du navire et de la cargaison, il supportera seul cette dépense ; s'il y a un assureur sur corps et un assureur sur facultés, chacun la supportera dans la mesure du profit qu'il aura tiré de l'assistance, c'est-à-dire en proportion de la valeur du navire comparé à celle de la cargaison.

§ 2. — *Privilège du sauveteur. La créance de l'assistant est-elle privilégiée ?*

La créance du sauveteur est certainement privilégiée. La déclaration du 10 janvier 1770 ne laisse pas de doute à cet égard : « Voulons que le sauveteur soit payé du tout par *privilège et préférence,* sur les premiers deniers qui proviendront de la vente des effets sauvés ». Alors même que ce texte précis et non abrogé n'existerait pas, on devrait reconnaître au sauveteur un privilège en vertu de l'article 2102, 3° du Code civil. Les frais de sauvetage sont en effet des « frais faits pour la conservation de la chose » (1).

S'il n'y a pas de doute sur l'existence même du privilège du sauveteur, des difficultés peuvent prendre naissance quand on recherche quelle est l'assiette de ce privilège. Tout d'abord, le privilège du sauveteur, à coup sûr, porte sur les agrès, apparaux et débris du navire : cela résulte des textes même de la déclaration de 1770 ; mais porte-t-il sur le fret ? Je ne le pense pas. En matière de privilège, tout est de droit étroit et ici aucun texte

(1) Comp. art. 24 et 26, liv. IV, titre IX de l'ordon. de 1681 ; art. 6, loi des 9-13 août 1791.

n'étend le privilège du sauveteur au fret des marchandises sauvées comme le font les articles 271, 280 et 320 du Code de commerce pour les gens de mer, les affréteurs et les prêteurs à la grosse. De plus, le fret est un fruit civil, et de droit commun les privilèges n'atteignent pas les fruits civils de la chose. Il est vrai que l'article 2176 du Code civil décide que les fruits civils peuvent être immobilisés et par conséquent dus par le tiers détenteur à compter de la sommation de payer ou de délaisser; mais cette disposition écrite pour les immeubles n'est pas applicable aux navires.

Une autre difficulté qui a été tranchée dans le sens de l'affirmative par la loi du 19 février 1889 s'élevait sur le point de savoir si le sauveteur peut exercer son action privilégiée sur l'indemnité d'assurance. Avant la loi de 1889, cette question était vivement discutée. Pour bien exposer cette controverse, nous distinguerons deux périodes : l'une antérieure, l'autre postérieure à la loi du 19 février 1889. La première sera subdivisée en trois autres périodes, non pas que la solution ait été modifiée, mais parce que des éléments nouveaux ont été introduits dans la discussion : 1° système de la jurisprudence jusqu'à la loi du 10 décembre 1874 ; 2° depuis la première loi de 1874 jusqu'à la seconde loi sur l'hypothèque maritime du 10 juillet 1885 ; 3° depuis la loi du 10 juillet 1885 jusqu'à la loi du 19 février 1889. Le système suivi par la jurisprudence jusqu'à la loi de 1889 n'a jamais varié en ce qui concerne les créanciers privilégiés.

A. Période antérieure à la loi du 19 février 1889.

1° Avant la loi de 1874, la jurisprudence n'accordait aux créanciers privilégiés aucun droit sur l'indemnité d'assurance. Elle disait : le privilège s'exerce sur le prix de la chose, et l'indemnité d'assurance n'est pas en prix. De plus, cette indemnité doit être le gage commun des créanciers et distribuée entre eux au marc le franc, parce que la prime qui y donne droit a été prélevée sur ce gage commun. Il est donc naturel de l'attribuer à tous les créanciers. C'était la doctrine d'Émérigon (chap. XII, sect. VII, § 2).

2° Avec la loi de 1874, un élément nouveau s'introduit dans le débat. L'article 17 de cette loi permet aux créanciers hypothécaires d'exercer leur droit de préférence « dans l'ordre des inscriptions, sur le produit des assurances qui auraient été faites par l'emprunteur sur le navire hypothéqué ». On s'est alors demandé, et on a soutenu qu'il devait en être de même et à fortiori pour les créanciers privilégiés. Cette opinion n'a point triomphé. En matière de privilège, tout est de droit étroit et la loi de 1874 qui vise l'hypothèque des navires ne peut être étendue par voie d'analogie. Les travaux préparatoires de la loi de 1874 (1) sont en ce sens, et la doctrine de la jurisprudence, malgré cette loi, ne fut pas modifiée en ce qui touche les privilèges sur les navires.

3 Le système introduit par l'article 17 de la loi de 1874 avait donné lieu à de vives critiques et à de nombreuses réclamations de la part des assureurs. Pour leur

(1) Lyon-Caen et Renault, *loc. cit.*, t. 2, p. 547, n° 2482, note 1, al. 2.

donner satisfaction, la loi du 10 juillet 1885 supprima ce
fameux article 17. Il en résulta que le système de la jurisprudence d'après lequel les créanciers hypothécaires
n'avaient pas droit à l'indemnité reprenait son empire.
Cette abrogation ne changeait en rien la situation faite
aux créanciers privilégiés, puisque le système de la jurisprudence n'avait pas été modifié à leur égard ; mais pour
ceux qui admettaient par voie d'analogie l'extension aux
créanciers privilégiés de la règle écrite dans l'article 17
de la loi de 1874 pour les créanciers hypothécaires, il
y avait un revirement dans la doctrine.

B. Période postérieure à la loi du 19 février 1889.

La loi du 19 février 1889 est enfin venue résoudre
notre difficulté. L'article 2 de cette loi est ainsi conçu :
« Les indemnités dues par suite d'assurance sont attribuées sans qu'il y ait besoin de délégation expresse (ces
mots font allusion à la pratique antérieure) aux créanciers *privilégiés* ou hypothécaires suivant leur rang. » Cette
loi n'est pas spéciale au droit maritime : elle s'occupe
des droits pouvant exister sur toutes les indemnités.
C'est pour cela qu'elle est applicable aux privilèges sur
les navires comme à l'hypothèque maritime. Les créanciers privilégiés pour frais de sauvetage peuvent donc
exercer leur privilège contre l'assureur.

Le créancier pour frais de sauvetage a un privilège
spécial. Or, il peut se trouver en concours avec d'autres
créanciers qui auront soit des privilèges généraux, soit
des privilèges spéciaux. A quel rang sera-t-il colloqué ?
Le Code de commerce dans l'article 191 a classé avec

précision les privilèges qu'il établit ; mais le privilège pour frais de sauvetage n'est pas écrit dans l'article 191. Aussi devrons-nous nous demander quel rang doit occuper le privilège pour frais de sauvetage : 1° par rapport aux privilèges généraux de l'article 2101 du Code civil ; 2° par rapport aux privilèges spéciaux établis par l'article 191 du Code de commerce ou par d'autres dispositions légales.

La première question est très controversée. Le Code civil n'a réglé l'ordre de préférence des privilèges généraux par rapport aux privilèges spéciaux que lorsque ces derniers portent sur des immeubles (2105). On a proposé d'adopter la même solution lorsqu'il y aurait conflit entre privilèges généraux et privilèges spéciaux sur les meubles. Si l'on admettait cette opinion, le privilège pour frais de sauvetage qui est un privilège spécial sur un meuble viendrait après les privilèges généraux de l'article 2101. Mais cette doctrine n'a pas triomphé. D'après un système proposé par M. Valette et généralement admis, lorsqu'il y a conflit entre les privilèges généraux de l'article 2101 et des privilèges spéciaux sur des meubles, ces derniers sont préférés aux privilèges généraux sauf les frais de justice. D'après cette théorie, le créancier privilégié pour frais de sauvetage passerait avant les créanciers à privilèges généraux, sauf les frais de justice.

Sauf les frais de justice..... Est-il vrai que les frais de justice primeront toujours les frais de sauvetage ? Cela nous amène à étudier notre seconde question. En effet, en tête des privilèges énumérés par l'article 191 du Code

de commerce, figure le privilège pour frais de justice.
En cas de conflit entre le privilège pour frais de sauvetage
et les privilèges établis par l'article 191 du Code de commerce ou d'autres dispositions légales, quel ordre faudra-t-il établir entre eux ? D'après Émérigon (1), « les
frais de sauvetage sont préférés à tous créanciers et doivent être préalablement pris sur le tout ». Les frais de
justice dans cette doctrine sont donc primés par les frais
de sauvetage et ne viennent qu'au second rang. Cette
proposition est trop générale. Comme le dit M. Dufour (2),
« exacte dans certaines circonstances, elle serait dans
d'autres, contraire aux dispositions de la loi. Le premier
rang des collocations sur le navire naufragé ou ses débris ne peut se déterminer qu'avec des distinctions fondées sur les circonstances dans lesquelles se produit le
sauvetage ».

Ainsi, dans le premier cas de sauvetage, les frais de
sauvetage ne sont que le salaire de ceux qui l'ont opéré.
Ils sont privilégiés sur le produit des effets sauvés, conformément à l'article 2102, 3°, soit que le sauvetage ait
eu lieu par les soins du propriétaire, soit qu'il ait été
opéré à la diligence des personnes désignées dans l'ordonnance et dans l'article 1 de l'arrêté du 17 floréal de
l'an IX. Mais comme les frais de vente profitent aux
sauveteurs, il en résulte que leur créance privilégiée
est primée par les frais de vente, de sorte qu'ils ne viennent en réalité qu'au second rang.

---

(1) Emérigon, *Traité des Assurances et du Contrat à la grosse*, ch. 12,
sect. 7.
(2) Dufour, *Dr. mar.*, t. 1, p. 354.

Dans le second cas de sauvetage, le sauveteur a droit au tiers des effets naufragés « en espèce ou en deniers », et *sans frais*. Ces mots « sans frais » modifient l'ordre des privilèges. En effet, de quelque manière que le sauveteur soit rétribué, il y a toujours des frais, savoir : frais de partage, si on le paye en nature ; frais de vente si on le paye sur le produit de la chose sauvée, ce qui arrivera toujours en matière de navire, puisque la chose sauvée est impartageable en nature. Or, puisque son tiers doit lui être délivré sans frais, il n'est primé ni par les frais de vente ni par ceux de partage (1). Donc, à la différence de ce qui a lieu dans le premier cas de sauvetage, ici, les frais de sauvetage primeront « les frais de justice et autres, faits pour parvenir à la vente et à la distribution du prix » (art. 191, 1° Com.).

Enfin, dans la dernière hypothèse de sauvetage, on sait que le propriétaire peut dans un certain délai entreprendre le relèvement de son bâtiment ou y renoncer. S'il y renonce, il n'y a même pas à s'occuper du privilège pour frais de sauvetage, puisqu'il n'existe pas ; mais si le propriétaire en opère le relèvement, alors, comme dans le premier cas de sauvetage, les frais de sauvetage seront primés par les frais de vente ou frais de justice, mais primeront tous les autres privilèges de l'article 191 du Code de commerce.

Nous arrivons maintenant à une question assez délicate. La créance de l'assistant est-elle privilégiée ? Nos textes sont muets sur ce point. On dit que l'assistance appartenant à la catégorie des secours qui ont rendu pos-

(1) Dufour, *loc. cit.*, t. 1, p. 358.

sible la fin de la navigation entreprise, la créance qui en
dérive doit faire partie des créances maritimes privilégiées, et partant suivre la règle : *Posterior in tempore,
prior in jure.* La solution la plus conforme aux principes,
est de ne pas accorder de privilège à l'assistant. Pas de
privilège sans texte. L'assistant ne primerait même pas
les créanciers chirographaires pour cause étrangère à la
navigation ; il viendrait en concours avec eux (1). L'article 2102 du Code civil qui déclare privilégiés « les frais
faits pour la conservation de la chose » n'est évidemment
pas applicable à l'assistant qui réclame une rémunération et non le remboursement de ses frais. Toutefois,
comme il y a lieu de tenir compte à l'assistant des frais
qu'il a véritablement faits, il y aurait peut-être lieu de le
considérer comme créancier privilégié pour le remboursement de ses frais conformément à l'article 2102, 3° du
Code civil, mais seulement comme créancier ordinaire
pour la part lucrative de l'allocation (2).

(1) Lyon-Caen et Renault, *Précis de dr. com.*, t. 2, n° 2485.
(2) En ce sens, Courcy, 3ᵉ série, p. 38 ; *Contrà*, Beaussaut, *Code mar.*,
t. 2, p. 62.

CHAPITRE II

SECTION I. — Du sauvetage.

§ 1. — *Des lois actuellement en vigueur sur le sauvetage et l'assistance dans les principaux pays étrangers* (Allemagne, Angleterre, Belgique, Danemark, Etats-Unis, Finlande, Italie, Pays-Bas, Portugal, Norvège).

Avant d'étudier dans le détail les lois qui régissent le sauvetage et l'assistance à l'étranger, nous croyons devoir donner un aperçu de ces lois, afin de montrer par quelles étapes successives on est arrivé à la législation qui régit aujourd'hui la matière.

En Allemagne, notre matière est régie par le Code de commerce de 1869 (1) (art. 742 à 756) complété : 1° par une loi du 17 mai 1874 relative aux naufrages (2) ; 2° par la loi du 17 juillet 1877 créant des commissions maritimes pour procéder à des enquêtes sur les sinistres de mer (3) ; 3° par une ordonnance impériale du 15 août 1886 prescrivant (art. 1) le devoir d'assistance et les déclarations du nom du navire et de son port d'attache (art. 2) (4) ; 4° enfin par l'article 145 du Code pénal qui

(1) Traduction de MM. Lyon-Caen et Gide, Imprimerie nationale, 1881.
(2) *Annuaire de législat. étr.* de 1874, p. 136 et s.
(3) R. I. D. M., t. 6, p. 613.
(4) R. I. D. M., t. 6, p. 618.

punit d'une amende de 500 thalers au plus quiconque aura transgressé les règlements établis pour prévenir les abordages des bâtiments en mer. Il existe aussi entre l'Allemagne et la France une convention du 17 mai 1880 relative à l'assistance à prêter aux marins des deux pays ; mais le mot assistance n'a pas dans ce cas le sens que nous lui attribuons. Il s'agit simplement du rapatriement des marins naufragés par les navires des deux pays contractants.

En Angleterre, les articles 548 et 549 du *Merchant Schipping Act* de 1854 ont été complétés par les lois du 5 août 1873 (36 et 37, Vict. ch. 85, sect. 16), 15 août 1876 et 15 août 1879. Entre l'Angleterre et la France existe encore une convention « sur le sauvetage et l'assistance en mer » du 23 octobre 1889.

La législation belge est à peu près muette sur le sauvetage et l'assistance maritime. On discute le point de savoir si le livre IV, titre IX de notre ordonnance de 1681 sur le sauvetage est applicable en Belgique. En ce qui concerne l'assistance, aucune disposition législative ne punit le défaut d'assistance à la suite d'un abordage. Une seule loi, celle du 21 août 1879 contenant le livre II du Code de commerce, article 4, 6° et article 5, 9°, parle du privilège du sauveteur et de l'assistant et des conditions de formes requises pour son exercice (1). Les congrès d'Anvers de 1885 et de Bruxelles en 1888 ont émis le vœu que l'assistance soit déclarée obligatoire après un abordage et que les navires qui sont entrés en collision

_____

(1) Voy. *Pandectes belges*, au mot *Assistance maritime*, pr.

fassent connaître leurs noms ainsi que celui de leurs ports d'attache, de départ et de destination.

Au Danemark, c'est la loi du roi Chrétien VI de 1683 modifiée par des lois et ordonnances postérieures (Ordon. du 28 déc. 1836, 16 mars 1842, 25 avril 1850, 22 fév. 1855 et loi du 22 déc. 1876) (1), et complétée par la jurisprudence des tribunaux qui est encore en vigueur.

Aux États-Unis, il n'existe aucune disposition législative sur le sauvetage. Seule la loi du 4 septembre 1890 qui est la reproduction littérale de la loi anglaise de 1873 rend l'assistance obligatoire.

Les articles 159 à 170 du Code maritime de Finlande du 9 juin 1873 (2), traitent notre sujet dans une section intitulée : « Du naufrage, de l'échouement et des épaves ».

En Italie, le chapitre XII du Code de la marine marchande est consacré aux « naufrages » et au « sauvetage » (art. 121 à 138 ; V. aussi art. 395) (3). Ce Code a été révisé deux fois depuis : en 1877 (4) et en 1886 (5) ; mais cette dernière révision n'a pas touché aux dispositions relatives au sauvetage et à l'assistance.

On ne peut pas séparer la législation des Pays-Bas de celle de l'Italie. Le Code de commerce des Pays-Bas de 1838 (543 à 568) complété par les articles 414 et 474 du Code pénal, comme en Italie ne restreint pas l'obligation d'assistance au cas d'abordage. L'assistance est obliga-

(1) Article de M. Beauchet dans la R. I. D. M., t. 4, p. 332.
(2) *Code mar. de Finlande*, traduit de l'original suédois, Helsingfors, Imprimerie de l'État, 1877.
(3) *Codice per la marina mercantile del regno d'Italia*. Roma, Stamperia reale.
(4) *Annuaire de législat. étr.* de 1877, p. 369.
(5) *Annuaire de législat. étr.* de 1886, p. 397.

toire dans tous les cas où un navire rencontre un autre en détresse. D'autre part, en cas de collision l'obligation de déclarer les noms du navire, des ports d'attache de départ et de destination n'existe pas.

Le titre VIII du Code de commerce Portugais de 1888(1), le plus récent des Codes de commerce, (art. 676 à 686) est consacré au sauvetage et à l'assistance.

Rappelons en terminant que le Code norvégien de 1860 (art. 83 à 94) a été complété par la loi de 1874 sur l'assistance obligatoire (2). Le projet de loi maritime norvégienne de 1888 (art. 225 à 230) (3) ne modifie que bien incomplètement la législation en vigueur dans ce pays.

§ 2. — *Pays qui distinguent le sauvetage de l'assistance.*

La plupart des pays étrangers distinguent soigneusement le sauvetage de l'assistance. Le Code de commerce allemand (art. 742) décide notamment que « quand un navire en détresse ou sa cargaison après avoir échappé à l'action de l'équipage ou avoir été abandonné par lui, sont en tout ou en partie recueillis et mis en sûreté par des tiers, ceux-ci ont droit à une indemnité de sauvetage. Quand, en dehors de *ces cas*, un navire en détresse ou sa cargaison sont sauvés par l'assistance de tiers, ceux-ci n'ont droit qu'à une indemnité d'assistance ».

(1) Traduction de M. Ouwerck, avocat à Bruxelles, R. I. D. M., t. 6, p. 637.
(2) R. I. D. M., t. 6, p. 612.
(3) Bruxelles, Ferd. Larcier, éd. 1888, *Projet de loi mar. norwégienne*, traduit par W. Christophersen.

Cette distinction présente un intérêt pratique considérable. En effet, la rémunération d'assistance doit être, en principe, inférieure à l'indemnité de sauvetage. Cela se comprend très bien, car en cas de sauvetage, la perte est consommée, la chose est abandonnée, le propriétaire n'y compte plus, tandis que l'assistance est le secours prêté au propriétaire qui n'a pas perdu tout espoir de conserver sa chose. Les articles 748 et 749 du Code de commerce allemand indiquent nettement cet intérêt pratique en disant que « le montant de l'indemnité de sauvetage ne doit pas dépasser le tiers de la valeur des effets sauvés » et que « l'indemnité d'assistance doit toujours être fixée à un taux inférieur à celui qu'aurait atteint dans les mêmes circonstances l'indemnité de sauvetage ».

L'ordonnance du 28 décembre 1836, § 31, en Danemark, distingue le sauvetage de l'assistance en établissant un mode d'évaluation différent entre le salaire des sauveteurs et la rémunération de l'assistant.

Notre distinction est encore admise par le Code de la marine marchande italien (art. 120 et 134) malgré les hésitations de la jurisprudence (1).

Dans le Code de commerce des Pays-Bas (art. 560) et dans le Code de commerce Portugais de 1888 (art. 681 et 682), il est dit textuellement que « le salaire dû à ceux qui portent secours à un navire ou à des marchandises est de deux espèces : le salaire pour l'assistance et le salaire pour le sauvetage.

En Finlande, les articles 159 et suivants sont consa-

(1) Cour d'appel de Gênes, 6 mars 1885, R. I. D. M., t. 5, p. 567.

crés au sauvetage et à l'assistance. Il est vrai que le Code
finlandais emploie constamment les expressions « sauvetage, sauveteurs », mais notre distinction est implicitement contenue dans les textes. D'abord l'article 159
prescrit au capitaine de réclamer « l'assistance d'autrui » lorsqu'il ne peut tirer son navire de danger avec
les seules forces de son équipage. En outre, l'article 166
permet aux tribunaux de réduire le « salaire de sauvetage » consenti au moment du péril, lorsque le propriétaire des choses sauvées « contraint par la nécessité a
accepté du secours à des conditions trop onéreuses et
inéquitables ». Ces deux articles supposent que l'on se
trouve en présence d'un cas d'assistance.

La distinction que nous venons d'indiquer n'est pas
aussi nettement formulée dans tous les pays. En Angleterre, par exemple, le mot *Salvage* désigne aussi bien le
sauvetage proprement dit, que la simple assistance. Un
terme unique, *reward*, désigne à la fois l'indemnité de
sauvetage et la rémunération d'assistance. Ce n'est pas
à dire que notre distinction soit inconnue dans la Grande-
Bretagne. Comme à défaut de convention des parties, il
appartient au juge de fixer l'indemnité, celui-ci évaluera
la rétribution à une somme plus ou moins élevée, selon
qu'il se trouvera en présence d'un cas de sauvetage ou
d'assistance (1).

En Belgique, il n'y a pas de texte indiquant les caractères qui distinguent le sauvetage de l'assistance. Rela-
tivement au sauvetage, on discute la question de savoir

(1) R. I. D. M., t. 2, p. 335. Haute Cour de justice, div. de l'amirauté,
7 août 1886.

si le livre IV, titre IX de la Grande Ordonnance de 1681 relative aux « naufrages, bris et échouements », est applicable en Belgique (1). D'après une opinion qui semble préférable (2), l'ordonnance de 1681 n'est pas applicable. En effet, l'arrêté du Directoire exécutif du 7 pluviôse de l'an V a bien prescrit la publication en Belgique de l'ordonnance de 1681 et l'arrêté du 8 frimaire de l'an VIII en a bien ordonné l'envoi à tous les tribunaux de commerce, mais le titre IX du livre IV de l'ordonnance n'a pas été publié (3). Le tribunal d'Ostende devant lequel la question a été portée le 28 janvier 1863 (4) a évité de se prononcer. Cela n'empêche pas que notre distinction conserve toute son importance lorsque la fixation de l'indemnité ou de la rémunération est soumise aux tribunaux, à défaut de convention entre les parties ou lorsque la convention a été annulée par suite d'un vice du consentement (5).

Le Code maritime norvégien, comme le fait remarquer M. Beauchet dans la *Revue internationale de Droit maritime* (t. 2, p. 612) ne distingue point le sauvetage de l'assistance. Mais, suivant cet auteur qui invoque à l'appui de sa doctrine l'opinion d'Hallager, la distinction du Code allemand doit être appliquée dans le Code norvégien. La Cour suprême de Christiania, à plusieurs reprises, en a, paraît-il, fait l'application.

Nous ne voulons parler, bien entendu, que de la dis-

---

(1) R. I. D. M., t. 5, p. 576, article de G. Benfante.
(2) *Pandectes belges,* n° 41.
(3) *Pandectes belges,* n° 38, note.
(4) *Jurisp. d'Anvers,* 64.2.9.
(5) Cour d'appel de Bruxelles, 31 oct. 1890, R. I. D. M., t. 6, p. 479.

tinction entre le sauvetage et l'assistance facultative.
L'assistance a été rendue obligatoire à la suite d'un
abordage, en Angleterre, depuis la loi de 1873 et en Norvège depuis la loi de 1874.

§ 3. — *Des différents cas de sauvetage à l'étranger.*

Nous venons de voir que tous les pays, moins l'Angleterre, la Belgique et la Norvège distinguaient expressément le sauvetage de l'assistance. Il nous sera donc
facile en étudiant les textes, de déterminer et d'énumérer les cas de sauvetage prévus et admis dans chacun
d'eux.

Le Code de commerce allemand prévoit (art. 742) deux
cas de sauvetage : 1° le navire en détresse « a échappé à
l'action de l'équipage » ; 2° il a été « abandonné » par lui.
La loi du 17 mai 1874 relative aux naufrages prévoit
deux autres cas : sauvetage d'un navire naufragé ou
échoué (art. 4 et s.) et sauvetage d'objets submergés.
Dans cette dernière hypothèse, quand le propriétaire
n'en opère pas lui-même le relèvement dans un certain
délai, l'État, à la différence de notre ordonnance de 1735
n'en concède pas le relèvement à des tiers. L'article 25
dispose, en effet, que « quand sur une rade ou dans un
port, les débris de navire ou autres objets obstruent la
navigation, et que le propriétaire est hors d'état de les
faire relever, l'autorité fait procéder à cette opération
et en recouvre les frais par la vente des objets à l'enchère.
Les dépenses qui excèdent le produit de la vente incom-
bent à la caisse des gens de mer. En dehors de ces cas

de sauvetage déterminés par les lois, il n'y a que simple
assistance. C'est ce que dit l'article 742, alinéa 2 :
« Quand en dehors de ces cas, un navire en détresse ou
sa cargaison sont sauvés par l'assistance de tiers, ceux-ci
n'ont droit qu'à une indemnité d'assistance ».

La législation danoise réglemente le sauvetage résultant d'un échouement et le sauvetage d'un navire abandonné en mer par son équipage. Lorsqu'un échouement
a lieu sur le rivage, le capitaine peut prendre deux par-
tis : *a*) entreprendre lui-même le sauvetage ou, *b*) abandonner le sauvetage à l'autorité (1).

a) Le capitaine qui entreprend lui-même le sauvetage
doit passer un contrat avec celui qui s'offre comme sauveteur. Ce contrat doit être passé devant l'*amtmand*
(bailli) qui doit informer le capitaine qu'il n'a pas besoin
de se soumettre aux conditions exigées par le sauveteur
lorsque la loi dispose que le sauvetage doit être entrepris moyennant une rémunération raisonnable ; le bailli
doit en même temps avertir le capitaine si la nation à
laquelle il appartient a un consul ou vice-consul dans le
voisinage du lieu du naufrage. Si le contrat n'a pas été
passé en présence du bailli, mais sous simple signature
privée, il est bien obligatoire pour les sauveteurs, mais
non pour le capitaine qui peut demander une réduction
du salaire convenu. Il en est de même lorsque le contrat
est passé devant le bailli sans que celui-ci ait observé les
formalités prescrites. Si le capitaine et les sauveteurs ne
peuvent tomber d'accord, le bailli doit alors fixer le montant du salaire de ces derniers (Ordon. du 28 déc. 1836,

_____

(1) Beauchet, *Le sauvetage dans le Droit danois*, R. I. D. M , t. 4, p. 332.

art. 9). Ce salaire doit être inférieur à un tiers de la valeur des objets sauvés et proportionnel aux dangers courus et aux peines prises par les sauveteurs (Ordon. 1836, art. 6).

b) Si le capitaine abandonne le sauvetage à l'autorité, c'est, en dehors de Copenhague le chef de la police sous la surveillance du bailli ; à Copenhague, le directeur de la police qui s'en occupent. Ces autorités doivent assister au sauvetage et veiller à ce que les objets sauvés soient mis en lieu sûr. Le salaire est fixé d'après l'équité. (Ordon. de 1836, art. 3, 10, 13, 20, 23 et 26).

Le sauvetage des épaves ou d'un navire abandonné en pleine mer est réglementé en détail par l'ordonnance du 28 décembre 1836, articles 28 à 31, par celle du 16 mars 1842 et par la loi du 22 décembre 1876 (1) « Le prix de sauvetage est la moitié de la valeur du navire et de la cargaison s'il est sauvé en pleine mer, du tiers de cette valeur s'il est sauvé dans les mers entre les côtes danoises ».

En Finlande, le Code maritime finlandais (art. 168) prévoit trois cas de sauvetage: sauvetage d'un navire abandonné ou échoué ou d'objets tirés du fond de la mer. Ce texte est ainsi conçu : « Quiconque sauve ou rencontre dans les eaux finlandaises, en mer ou ailleurs, un navire abandonné ou des épaves telles que débris de navire, agrès et apparaux, soit qu'il les retire du fond de l'eau, soit qu'il les trouve échoués ou flottants à la surface, etc... »

En Italie, le Code de la marine marchande de 1865

(1) R. I. D. M., t. 4, p. 333.

prévoit aussi trois cas de sauvetage : 1° sauvetage à la suite d'un naufrage ou autre sinistre de mer (122) ; 2° sauvetage d'un navire abandonné en mer (134) ; 3° sauvetage d'un navire coulé bas sans laisser de trace sur la surface de l'eau (137).

D'après l'article 562 du Code de commerce des Pays-Bas, « les cas de sauvetage sont : si le navire ou les marchandises ont été trouvés sans direction en pleine mer ou sur le rivage et sont sauvés ou repêchés ; si des marchandises sont sauvées d'un navire jeté sur la côte ou contre les brisants et qui se trouve dans un tel état de danger qu'il ne puisse plus être considéré comme un lieu de sûreté pour les marchandises ou comme un asile pour les gens de l'équipage ; si des marchandises ont été tirées d'un navire effectivement brisé ; enfin si un navire se trouvant dans un danger imminent ou ne présentant plus de sûreté est abandonné par les gens de l'équipage et que, ceux-ci s'étant retirés, le navire est occupé par ceux qui veulent le sauver et conduit au port avec la cargaison entière ou en partie ».

Le Code portugais énumère cinq cas de sauvetage dans l'article 681 : « 1° quand les navires ou marchandises rencontrés sans direction en haute mer sont sauvés et recouvrés ; 2° si l'on sauve les marchandises d'un navire jeté à la côte ou échoué sur des rochers et dans un péril tel qu'il ne puisse plus offrir ni sécurité pour le chargement, ni asile pour l'équipage ; 3° si l'on retire des marchandises d'un navire réellement brisé ; 4° lorsque le navire se trouvant dans un péril imminent et n'offrant plus aucune sécurité a été abandonné par l'équipage, ou que l'équipage n'étant plus à bord, il est occupé par ceux qui veulent le sauver et conduit au port avec tout ou partie du chargement ; 5° quand le navire et la cargaison conjointement ou séparément sont remis à flot ou conduits à bon port avec l'aide d'un tiers ». On a dû être frappé de la ressemblance qui existe entre le sauvetage dans le Code des Pays-Bas et le sauvetage dans le Code portugais. Les quatre premiers cas de sauvetage énumérés par ce dernier Code ne sont que la reproduction de l'article 562 du Code des Pays-Bas. Quant au cinquième cas qui y a été ajouté, son mérite nous semble bien contestable. Nous avons vu, en effet, en étudiant la législation française, que l'échouement avec bris seul devait être considéré comme un cas de sauvetage. Lorsqu'avec l'aide d'un tiers, on parvient à remettre à flot le navire et à le conduire à bon port, c'est qu'il n'était évidemment pas brisé ; par suite, il y a assistance et non sauvetage. L'article 681, 5° du Code portugais nous paraît absolument contraire aux principes. En ce qui concerne les 1er et 4e alinéas, ils expriment une idée que le Code allemand (742) a rendu plus simplement en disant : « Quand un navire en détresse ou sa cargaison, après avoir échappé à l'action de l'équipage ou avoir été abandonné par lui, etc. ». Les 2e et 3e alinéas correspondent à ce que nous avons appelé sauvetage après naufrage ou échouement.

Dans les pays qui ne distinguent pas expressément le sauvetage de l'assistance ou qui font une énumération insuffisante des cas de sauvetage, c'est à l'aide des caractères distinctifs du sauvetage que l'on pourra déter-

miner si l'on se trouve en présence d'un cas de sauvetage ou d'assistance.

En Angleterre, l'article 458 du *Merchant Schipping Act*
est ainsi conçu : « Quand un navire échoue ou est en détresse et qu'assistance lui est prêtée par une personne
quelconque, 1° en secourant ce navire, 2° en sauvant la
vie des personnes à bord, 3° en sauvant la cargaison ou
le matériel de ce navire en tout ou en partie, 4° et dans
tous les cas où une épave est sauvée par quelqu'un autre
que le *Recevier* dans le Royaume-Uni, les propriétaires de
ce navire doivent payer au sauveteur une indemnité conve-
nable et rembourser les dépenses faites pour l'accomplissement du service rendu. » Dans les deux premiers cas
prévus par cet article, le secours est personnel et prêté
dans le but d'éviter la perte du navire, il y a assistance.
Dans la troisième hypothèse, au contraire, la perte est
consommée, car il y a eu, sans doute, échouement avec
bris, puisqu'on n'a pu sauver que la cargaison ou le matériel du navire, sans sauver le navire lui-même. C'est
un cas de sauvetage. Il en est de même de la dernière
hypothèse qui suppose le sauvetage d'une épave, probablement d'un navire abandonné. Ici encore, la perte est
consommée ; elle résulte de l'abandon. Le caractère personnel de l'assistance fait aussi défaut. C'est encore un
cas de sauvetage.

En Belgique comme il n'existe pas de texte sur la
matière, les caractères distinctifs du sauvetage et de l'assistance permettront de déterminer si l'on se trouve en
présence d'un cas de sauvetage ou d'assistance.

La loi belge de 1879 s'occupe seulement du privilège du sauveteur.

Le Code norvégien de 1860 reconnaît les cas de sauvetage suivants, savoir : sauvetage « en cas d'échouement d'un navire abandonné » (art. 85) ; sauvetage de marchandises ou d'un navire « trouvé flottant ou coulé au fond de la mer ». Cette énumération est insuffisante et doit être complétée de la façon que nous avons indiquée plus haut.

SECTION II. — De l'assistance maritime.

§ 1er. — *Assistance obligatoire.*

La réglementation de l'assistance maritime est depuis quelques années l'objet de la préoccupation des législateurs de tous les pays. La difficulté porte sur l'étendue même de l'obligation d'assistance. D'abord, doit-on en faire une obligation légale ? N'est-ce pas plutôt un devoir relevant du domaine de la morale et non de celui du législateur ? Que si l'on admet que l'assistance doive être imposée, faudra-t-il la rendre obligatoire dans tous les cas où il sera possible à un navire de porter secours à un autre, ou faut-il la restreindre au cas où par suite d'une collision, le secours n'est en quelque sorte que la réparation partielle immédiate du quasi-délit résultant de l'abordage. Dans les législations que nous étudions spécialement, la question est résolue dans des sens divers.

1. *a)* Des pays où l'assistance est obligatoire même en dehors de
tout abordage (Italie, Pays-Bas, Autriche).

L'Italie est la première de toutes les législations mo-
dernes qui ait inscrit dans ses lois l'obligation *générale*
d'assistance. L'article 120 du Code de la marine marchande de 1865 décide que « le capitaine d'un navire
italien qui rencontre un navire quelconque, étranger ou
national, en péril de se perdre doit accourir à son aide
et lui prêter toute assistance possible ». La sanction de
cette prescription est écrite dans l'article 38 du même
Code : le capitaine qui le pouvant aura négligé de secourir le navire en péril est puni d'une amende de 200 à
1000 francs et peut en outre être suspendu de ses fonc-
tions pendant une période de six mois à un an. La loi
italienne ne vise même pas l'abordage, et ce n'est que
parce que l'obligation d'assistance est générale qu'elle
peut s'appliquer à ce cas particulier.

On ne doit pas séparer la législation des Pays-Bas de
celle de l'Italie. D'une part en effet, ces deux pays ne
restreignent pas le devoir d'assistance au cas d'abordage ; ils l'étendent à tous les cas de détresse. L'assistance y est donc obligatoire même en dehors de tout
abordage. D'autre part, aussi bien en Italie qu'aux
Pays-Bas, la loi n'impose pas l'obligation après la collision, de déclarer le nom du navire et celui des ports
d'attache, de départ et de destination. Comme le fait
remarquer M. Mir, ces deux législations paraissent em-
preintes d'un sentiment d'humanité plus large, mais
aussi moins efficace. L'assistance est en ces termes déclarée obligatoire par l'article 474 du nouveau Code

pénal des Pays-Bas du 3 mars 1881 (1) : « Le capitaine
d'un bâtiment néerlandais qui omet de porter secours à
des bâtiments, capitaine ou gens de mer en détresse,
dans la mesure où il peut le faire sans exposer son bâtiment, ses compagnons de navire ou lui-même à périr
est puni d'une détention de trois mois au plus et d'une
amende de 300 florins au plus ». Mais à la différence du
Code italien, le Code des Pays-Bas prévoit spécialement
le défaut d'assistance à la suite d'un abordage et punit
plus sévèrement celui qui se soustrait à cette obligation
imposée par la loi. « Le capitaine d'un bâtiment néerlandais, dit l'article 414 du Code pénal des Pays-Bas qui
ne prête pas à des bâtiments, capitaine ou embarqués,
sachant qu'ils se trouvent en détresse, l'assistance qu'il
est en son pouvoir de donner sans exposer son navire,
ses embarqués ou lui-même est puni d'un emprisonnement de trois ans au plus, *si le cas de détresse provient de
collision ou d'abordage* avec le bâtiment qu'il est chargé
de conduire. »

Bien avant le Code pénal néerlandais de 1881, et
même bien avant le Code de la marine marchande de 1865
en Italie, le Code de commerce des Pays-Bas de 1838
contenait une disposition qui mérite d'être rapportée,
parce qu'elle montre que dans ce pays, on s'était déjà
préoccupé, alors que l'assistance maritime n'était réglée
nulle part, des moyens d'éviter la perte d'un navire en
danger, sans oser encore rendre l'assistance obligatoire.
Je fais allusion à l'article 543 du Code de commerce,
d'après lequel, « lorsqu'un navire se trouve sur des bas-

(1) Traduction Willem Wintgens, avocat à La Haye.

fonds et ne peut s'en retirer, son capitaine a le droit, en cas de danger, d'exiger que le navire qui en est proche, lève ses ancres ou coupe ses câbles pour lui faire passage, pourvu que ce navire soit en état de faire cette manœuvre sans risque, à charge par le navire en danger de dédommager l'autre de ses pertes. Le capitaine du navire voisin qui dans ce cas aurait refusé ou négligé de satisfaire à la demande doit supporter les dommages qui en résultent ».

Les pays où l'assistance est obligatoire en dehors de tout abordage ne sont pas nombreux. Je citerai encore une ordonnance autrichienne du 1er décembre 1880 (1). Tout capitaine de navire autrichien est tenu de secourir les bâtiments en danger sans distinction de pavillon et les personnes qui s'y trouvent quand il peut le faire sans graves risques pour son navire et pour les personnes qui s'y trouvent. Il doit se tenir dans le voisinage du bâtiment en danger jusqu'à ce qu'il ait acquis la certitude que celui-ci n'a plus besoin de secours. En cas d'abordage de navires, ces devoirs sont réciproques, et même après l'abordage, chaque capitaine doit déclarer à l'autre avant de continuer le voyage le nom du navire ainsi que les ports d'attache, de départ et de destination de son navire quand il peut accomplir ce devoir. La même obligation incombe au capitaire du navire dont l'assistance a été réclamée lorsqu'il a cru devoir refuser cette assistance à raison des dangers que courait son propre bâtiment.

(1) *Annuaire de légis. étrangère* de 1880, p. 264.

b) Pays où l'assistance n'est obligatoire qu'à la suite d'un abordage
(Angleterre, États-Unis, Allemagne, Norwège).

Beaucoup de nations n'ont pas osé imposer l'obligation d'assistance dans tous les cas de détresse. Mais, justement préoccupées des nombreux sinistres résultant des abordages en mer, elles se sont concertées pour arrêter des règlements destinés à prendre des mesures pour prévenir les abordages. On est facilement tombé d'accord à l'égard des feux à allumer, des signaux à faire, des directions à suivre et des manœuvres à opérer, mais il restait une lacune à combler. Ces règlements internationaux pouvaient bien amener une diminution dans le nombre des collisions, ils ne pouvaient les supprimer complètement. Or, il n'était pas rare qu'après un abordage, l'abordeur pour se soustraire aux responsabilités s'éloignât du lieu du sinistre sans plus se soucier de l'abordé. C'est pour remédier à cet état de choses qu'un grand nombre de pays firent du devoir d'assistance à la suite d'un abordage une obligation légale. On peut dire, d'ailleurs, qu'il y a ici plus qu'un devoir à remplir, il y a un quasi-délit civil à réparer. L'assistance après l'abordage est une réparation partielle immédiate de ce quasi-délit. Nous avons parlé de la législation de l'Italie, des Pays-Bas, de l'Autriche où le législateur est allé plus loin et a imposé l'assistance dans tous les cas de détresse, passons maintenant en revue les pays où l'assistance n'est obligatoire qu'à la suite d'un abordage.

En Angleterre, la loi de 1854 avait déjà en cas de sinistres maritimes ordonné des enquêtes qui ont été réglées à nouveau par les lois du 15 août 1876 et 15 août 1879. Le Merchant Schipping Bill de 1873 (36 et 37 Victoria, c. 85, s. 16) qui a servi de type à la loi des États-Unis et à notre loi de 1891 sur l'assistance, prescrit l'assistance à la suite d'un abordage et la déclaration des ports d'attache, de départ et de destination. « In every case of collision between two vessels, it shall be the duty of the master or person in charge of each vessel, if and so far as he can do so without danger to his own vessel, crew and passengers (if any) to stay by the other vessel until he has ascertained that she has no need of further assistance, and to render to the other vessel, her master, crew and passengers (if any) such assistance as he may praticable and as may be necessary in order to save them from any danger caused by the collision, and also to give to the master or person in charge of the other vessel the name of his own vessel, and her port of registory, or of the port or place to which she belongs and also the names of the ports and places from which and to which she is bound ».

La loi des États-Unis du 4 septembre 1890 est la reproduction littérale de la loi anglaise de 1870. Ces deux lois contiennent cette remarquable disposition qu'en outre des amendes et de la prison, tout capitaine anglais qui se sera éloigné du lieu du sinistre sans s'être fait connaître au moyen des déclarations que nous connaissons, sauf preuve contraire *sera présumé responsable du sinistre*. « If he fails to do, and no reasonnable cause for such failure is shown, the collision shall, in the absence of proof to the contrary, be deemed to have been caused by his wrong full act neglect or default ».

En Allemagne, une ordonnance impériale du 15 août 1886 prescrit dans son article premier le devoir d'assistance et dans l'article 2 les déclarations relatives aux noms des navires et des divers ports. En cas de sinistre, des commissions maritimes ont été crées par la loi du 17 juillet 1877 pour procéder à des enquêtes sur ces sinistres. Pas plus que la législation de l'Italie, des Pays-Bas et de l'Autriche, la législation allemande n'établit la présomption de faute contre le capitaine qui n'aura pas fait sa déclaration.

En Norwège, la loi de 1874 prescrit le devoir d'assistance et les déclarations que nous connaissons. Aucun texte n'établit la présomption de faute pour manquement à ces prescriptions.

c) Pays où l'assistance n'est pas du tout obligatoire (Belgique, Portugal, Danemark, Finlande).

Nous arrivons aux pays où le refus d'assistance même à la suite d'un abordage ne constitue pas un délit prévu et puni par les lois. En Belgique (R. I. D. M., t. 3, p. 343), au Portugal, au Danemark et en Finlande, la législation est muette. Aucune disposition de loi ne prévoit les conséquences pénales des abordages. Le capitaine ne relevant que de l'armateur ne peut être condamné ni à l'amende ou à l'emprisonnement ni même privé de son commandement à titre temporaire ou définitif.

Les différents congrès internationaux qui se sont réunis dans ces dernières années, ont tous émis le vœu que l'assistance fût partout rendue obligatoire, au moins à la suite d'un abordage, et que les capitaines des deux navires fussent tenus de donner les noms du navire et des ports d'attache de départ et de destination. L'article 2 du congrès international de droit commercial de Bruxelles de 1888 soumet ce vœu à l'adoption de toutes les législations (*Actes du congrès de Bruxelles*, p. 410).

Le projet de loi maritime scandinave rédigé à la suite d'une entente entre les gouvernements danois, norwégien et suédois; le congrès international du commerce et de l'industrie tenu à Paris en 1889; la conférence de Washington de 1890, ont émis des vœux analogues. Le congrès d'Anvers, de son côté, aurait voulu que l'assistance fût déclarée obligatoire dans tous les cas de détresse. (*Actes du congrès d'Anvers de* 1885, Résolution 65, p. 320 et 429).

2. De la présomption de faute attachée à l'inobservation de l'obligation d'assistance.

Le Merchant Shipping Bill du 10 août 1873 (36 et 37, V. C. 85, S. 16) et la loi des États-Unis du 4 septembre 1890 (art. 1 *in fine*) établissent formellement la présomption de faute en ces termes : « Si le capitaine ne se conforme pas à ces prescriptions, et s'il ne fournit aucune raison plausible pour ne pas l'avoir fait, la collision sera réputée, en l'absence de preuves du contraire, causée par son fait criminel, sa négligence ou sa faute ». Pour quels motifs ces deux lois ont-elles établi la présomption de faute lorsqu'après une collision, l'un des navires a refusé son assistance à l'autre ou négligé de faire les dé-

clarations exigées? M. Sainctelette (1) répond : « C'est
d'abord qu'ici il est raisonnable de présumer la faute
jusqu'à preuve du contraire. Quoi qu'on dise aujourd'hui
de l'activité de la circulation maritime, le heurt de deux
navires en haute mer est de soi difficile à expliquer autrement que par l'oubli des plus simples et plus faciles
précautions. Le règlement international de 1880 et ses
annexes rendent plus invraisemblable l'hypothèse d'une
collision absolument fortuite. Il n'est pas excessif de
considérer, en général et sauf preuve contraire, le choc
comme causé par quelque défaut de prévoyance ou
précaution. Ce n'est pas davantage outrer la portée
de la prescription légale, de prêter à celui que l'on suppose en faute les sentiments bienveillants et généreux
qui sont l'honneur de l'humanité, d'exiger de lui qu'il
fasse ce que, n'était la conscience de la négligence par
lui commise, il ferait en bien des cas de plein gré et de
bon cœur. Mais il y a d'autres raisons, l'imminence d'un
péril extrême et le défaut absolu de tout autre secours.
Sur mer, il n'y a d'autre assistance possible que celle
du plus proche voisin. Rien n'est plus légitime assurément que de l'organiser ». Ces motifs sont absolument
probants. La présomption de responsabilité est très fondée, et il y a lieu de regretter qu'elle n'ait pas été écrite
dans la loi des divers pays où l'assistance a récemment
été déclarée obligatoire. En France, un amendement
d'abord accepté par la commission de la loi de 1891 por-
tait que « le capitaine qui aura sans excuse valable manqué aux obligations de l'article 5 sera présumé sauf

_____

(1) Sainctelette, *Fragments d'une étude sur l'ass.*, p. 12.

preuve contraire, être l'auteur de l'abordage, et en cette qualité responsable de ses conséquences ». Cette disposition additionnelle a malheureusement été abandonnée. M. Mir, dans son rapport, nous en a donné les motifs que nous avons fait connaître au chapitre précédent.

§ 2. — Assistance facultative.

L'assistance facultative est un contrat ou un quasi-contrat. L'assistance constitue un quasi-contrat lorsque les parties n'ont pu s'expliquer. Dans ce cas, à défaut d'entente amiable, les tribunaux sont appelés à fixer la rémunération de l'assistant. Cela est universellement admis. Mais, des difficultés peuvent s'élever sur le point de savoir s'il y a véritablement assistance. D'où la nécessité de rechercher quels sont, dans les divers pays, les caractères de l'assistance. D'autre part, on est partout d'accord pour reconnaître que la convention conclue au moment du péril est nulle. Encore faut-il s'entendre sur cette nullité ; car l'assistance supposant un navire en danger, la convention devrait toujours être annulée pour avoir été conclue au moment du danger. Examinons donc successivement : 1° quels sont les caractères de l'assistance à l'étranger ; 2° dans quels cas la convention conclue au moment du danger doit être annulée.

a) Caractères de l'assistance dans les divers pays.

Quels sont les caractères du contrat d'assistance ? Le contrat d'assistance est soumis aux conditions de validité de tous les contrats (1108, Civ.) ; mais, de plus,

certains caractères sont indispensables pour l'existence
même de l'assistance. Si ces caractères ne se trouvent
pas réunis, il n'y a pas d'assistance et par suite pas de
contrat d'assistance. Il pourra bien y avoir un contrat si
la convention contient les éléments de l'article 1108,
mais ce ne sera pas un contrat d'assistance. Pour qu'il y
ait assistance, il faut : 1° que l'assisté soit en péril ;
2° l'assistant ne doit pas imposer ses services ; 3° l'assistant doit être étranger au navire assisté ; 4° l'opération doit être couronnée de succès. Disons tout de suite
que la réunion de ces divers caractères n'est pas exigée
dans tous les pays. Ainsi, nous avons vu au chapitre premier qu'en France (H. 69. 1. 122) et en Belgique (Jur.
Anvers, 57. 2. 91) le succès de l'opération n'est pas exigé
pour l'existence du contrat d'assistance. Les trois autres
conditions doivent être considérées comme essentielles
alors même que le législateur n'en aurait pas parlé.

Pour qu'il y ait assistance, il faut que le péril existe
au moment où elle se produit. L'article 742 du Code allemand parle de navire « en détresse » ; l'article 120
du Code de la marine marchande italien, d'un navire
« en péril de se perdre ». En Angleterre (art. 458, M.
S. A. de 1854), au Portugal (art. 682, 684), on se sert
d'expressions équivalentes. Dans les pays où le législateur ne s'est pas prononcé sur les caractères del'assistance, la jurisprudence reconnaît que le péril est un caractère essentiel à l'existence de l'assistance. (Pour le
Danemark, V. R. I. D. M., t. 1, p. 183 et pour les Etats-
Unis, Cour suprême des Etats-Unis, 10 janv. 87, R. I.
D. M., t. 2, p. 721).

L'assistant, en second lieu, ne doit pas imposer ses services. Le Code de commerce allemand dit dans l'article 752 : « N'a aucun droit à l'indemnité de sauvetage ou d'assistance celui qui a imposé ses services, qui notamment est monté sur le navire sans l'autorisation du capitaine présent ». L'article 545 du Code des Pays-Bas est ainsi conçu : « Il n'est permis à personne sans le consentement exprès du capitaine ou de l'officier qui le remplace de venir à bord d'un navire pour le secourir, le sauver ou sous quelque prétexte que ce soit ». Le Code portugais (art. 683) reproduit la disposition du Code allemand, et la résolution 44 du congrès d'Anvers adopte entièrement ces principes.

L'assistant doit encore être étranger au navire assisté. C'est ce que dit expressément ce même article 683 du Code portugais : « N'ont pas droit au salaire d'assistance ou de sauvetage : les personnes qui appartiennent à l'équipage du navire ». L'article 742, alinéa 3 du Code allemand dit aussi : « L'équipage du navire perdu ou en détresse n'a aucun droit à une indemnité de sauvetage ou d'assistance ». Le Code italien consacre implicitement ce principe en décidant (art. 128) que les gens de l'équipage sont en tous cas obligés de travailler au sauvetage du navire, des agrès et du chargement. La jurisprudence hollandaise est également en ce sens (trib. de Rotterdam, 20 déc. 1884, *Journal de dr. internat. privé*, 1887, p. 246), ainsi que celle des États-Unis (5 mars 1877, *J. dr. int. privé*, 1877, p. 266). Il en est de même de la résolution 61 du Congrès d'Anvers.

Enfin, l'opération doit avoir réussi. A la différence

des trois caractères précédents, tous les pays ne considèrent pas le succès de l'opération comme un élément essentiel de l'assistance. Nous avons vu qu'en France et en Belgique l'assistant pouvait réclamer une rémunération pour prix d'une assistance restée infructueuse. Au contraire, dans les pays dont nous allons parler, le droit de l'assistant est subordonné à la réussite de l'opération. Le Code de commerce portugais dit qu'un salaire d'assistance est dû quand le navire se trouvant en mer avec des avaries « est secouru *et conduit à bon port* grâce à l'aide de tiers ». Le Code de la marine marchande italien (art. 120 et 121), le Code des Pays-Bas (art. 560, 561), ne permettent à l'assistant de réclamer une rémunération que si l'assisté a été « conduit à bon port ». On a dit que l'Allemagne ne semblait pas admettre ce caractère. En effet, l'article 742 dans son second alinéa décide qu'il y a sauvetage d'un navire abandonné lorsque ce navire a été recueilli et mis en lieu sûr. Le troisième alinéa ajoute qu'il y a assistance lorsque le navire est sauvé sans ajouter : et mis en sûreté. Ces derniers mots, dit-on, ont peut-être été omis à dessein afin d'indiquer que le droit de l'assistant ne dépend pas de la réussite de l'opération.

b) Nullité du contrat conclu au moment du danger.

Le contrat conclu au moment du danger ne doit pas en principe être annulé, autrement la nullité serait de droit puisque l'assistance suppose un danger couru par l'assisté. Donc, en principe, la convention conclue en pleine mer et au moment du danger est valable : mais si la rémunération semble manifestement exagérée, si le consentement de l'assisté paraît avoir été extorqué par violence (1), alors les tribunaux devront annuler le contrat. De ce que le contrat d'assistance a été conclu au moment du danger, il n'en résulte pas nécessairement que la volonté de l'assisté n'ait pas été libre. Il faut, en effet, que ce danger soit de nature à faire impression sur sa volonté, à lui inspirer une crainte telle que son consentement soit vicié. Alors, le contrat tout entier sera annulé ou rescindé, et le juge fixera en toute liberté le montant de la rémunération. L'article 127 du Code italien nous paraît avoir été trop loin en décidant qu'« aucune convention ou promesse de récompense pour assistance ou sauvetage, tant du navire que des personnes ou marchandises, ne sera obligatoire si elle est faite en pleine mer ou au moment du sinistre ». Par contre, la législation de tous les autres pays est absolument conforme aux principes que nous avons posés. D'après l'article 743 du Code allemand, le montant de l'indemnité est déterminé par la convention faite durant le péril, et si le prix convenu présente une exagération manifeste, il peut être réduit à un taux approprié aux circonstances. De même l'article 684 du Code portugais établit que tous les contrats faits au moment du péril *peuvent* être attaqués pour exagération et réduits par le juge compétent. L'article 91 du Code norwégien de 1860 permet aussi aux tribunaux de réduire l'accord des parties « intervenu avant, pendant ou dans les 24 heures après l'assistance », si les conditions de cet accord paraissent

(1) Cass., 27 avril 1887, S. 87. 1. 372.

absolument injustes. Citons encore l'article 568 du Code de commerce des Pays-Bas ainsi conçu : « Toute convention ou transaction à l'égard des salaires pour l'assistance ou le sauvetage *pourra* être modifiée ou annulée par le juge », et disons en terminant que c'est le principe admis en Belgique (Cour d'appel de Bruxelles, 1ᵉʳ juin 1887, R. I. D. M., t. 2, p. 334), en Angleterre (M. S. A. de 1854) et au Danemark. Les congrès d'Anvers et de Bruxelles ont admis que « tout contrat fait au moment du danger est sujet à rescision », ce qui ne veut pas dire que ce contrat sera nécessairement rescindé.

Encore un mot. La nullité du contrat conclu au moment du danger est une nullité relative. Le capitaine du navire en danger seul peut l'invoquer. J'ai cru devoir faire cette remarque parce qu'au congrès d'Anvers, on avait proposé de dire, ce qui a été repoussé d'ailleurs, que « tout contrat fait durant le danger du navire, de l'équipage et de la cargaison, est sujet à rescision au profit de l'une comme de l'autre partie ». A l'appui de cette opinion, on a prétendu qu'il n'était pas vrai de dire que le sauveteur ou assistant agissait toujours en toute liberté, car il était forcé de prêter assistance par un sentiment d'humanité, alors même qu'il aurait la certitude de n'obtenir qu'une rémunération illusoire. Cette proposition a été rejetée avec raison. L'assisté seul peut demander la nullité, car c'est en sa faveur qu'elle est établie.

SECTION III. — **De l'indemnité du sauvetage et de la rémunération d'assistance.**

§ 1. — *Montant de l'indemnité de sauvetage dans les divers pays. Congrès d'Anvers.*

Quelques législations attribuent comme indemnité de sauvetage une quote-part des effets sauvés. Cela a lieu en France (art. 27, ch. IV, tit. IX, ordon. de 1681). En Allemagne, l'indemnité de sauvetage ne peut être fixée à une quote-part des objets sauvés ou repêchés que si toutes les parties s'accordent à le demander (art. 747). ·

Dans certains pays, on fixe une quotité que le salaire des sauveteurs ne peut dépasser. L'Allemagne fait aussi partie de cette catégorie, car si les parties ne sont pas d'accord pour le paiement en nature de l'indemnité, celle-ci ne peut excéder le tiers de la valeur des effets sauvés que dans le cas où le sauvetage a comporté des efforts et des dangers extraordinaires et où la valeur des objets sauvés est minime. L'indemnité peut alors s'élever jusqu'à la moitié de leur valeur (art. 748). Elle comprend le remboursement des dépenses faites en vue du sauvetage mais non pas les frais de magasinage, d'estimation et de vente, ni les droits de douane et autres impôts (art. 745). Au Danemark le salaire du sauveteur ne peut dépasser la moitié ou le tiers de la valeur des choses naufragées selon que le sauvetage a eu lieu en pleine mer ou dans les mers entre les côtes danoises (ordon. du 28 déc. 1836, art. 9 et 28 à 31 ; ordon. du 16 mars

1842 et loi du 22 déc. 1876) (1). En Italie, le sauvetage
en pleine mer donne droit au sauveteur, en plus des frais
et dommages par lui soufferts, au huitième de la valeur
du navire et de la cargaison. Le sauvetage en vue des
côtes ne lui donne droit qu'à une indemnité qui ne peut
dépasser le dixième de la valeur du navire et de la cargaison. Dans ces deux cas, cette rétribution est subordonnée à une condition : il faut que le sauveteur ait
couru un risque sinon il n'a droit qu'au remboursement
de ses débours et des dommages éprouvés (134, al. 2).
L'article 164 du Code finlandais fixe à la fois le salaire
de sauvetage et celui d'assistance dans les termes suivants : « Ce salaire sera déterminé d'après les circonstances et ne pourra être inférieur à un douzième ni supérieur à un sixième de la valeur de la chose sauvée si
le capitaine et l'équipage ont pris part au sauvetage ;
sinon il sera de un sixième au moins et de un tiers au
plus ». Il résulte de ce texte que le salaire de sauvetage
dans le droit finlandais est de un sixième au moins et
d'un tiers au plus, car il y a sauvetage dans ce pays lorsque l'on s'est emparé d'un navire abandonné ou d'épaves échouées ou tirées du fond de l'eau, ce qui suppose
que le capitaine et l'équipage, comme l'exige le texte,
n'ont pris aucune part au sauvetage. Mais cette délimi-
tation est rendue presqu'inutile par la disposition finale
de l'article 164 : « S'il est prouvé que, dans ces limites,
les sauveteurs ne seraient pas dûment rémunérés de
leurs peines ou des dangers courus, l'on pourra augmen-

(1) R. I. D. M., t. 4, p. 333.

ter ce salaire sans dépasser toutefois la valeur des choses sauvées ».

En Norwège, la rétribution des sauveteurs ou assistants ne peut « sans des raisons spéciales être fixée à moins d'un quart ni à plus d'une moitié des choses sauvées » (art. 92, Code de 1860) (1).

Enfin, certaines nations ne fixent aucune limite à la rétribution du sauveteur. Il en est ainsi en Angleterre et en Belgique. Dans la législation des Pays-Bas, à défaut de convention des parties et « en cas de contestation, l'évaluation du salaire des sauveteurs est faite par le juge compétent » (art. 564). Les articles 561, alinéa 2 et 563 contiennent l'indication des éléments dont le juge doit tenir compte pour fixer la rétribution du sauveteur. Au Portugal, en l'absence de convention, le juge se prononce d'après les règles de l'équité et en tenant principalement compte des circonstances que nous avons déjà indiquées en parlant des congrès d'Anvers et de Bruxelles.

On ne voit pas au premier abord l'intérêt de la distinction entre le sauvetage et l'assistance dans ces derniers pays, puisque la loi ne fixe au juge, dans l'un comme dans l'autre cas, aucune limite pour la détermination de la rétribution. L'intérêt est cependant très considérable, car le juge accordera toujours une indemnité plus forte

---

(1) L'article 91 du Code norwégien de 1860 décide que dans le cas où le navire aurait été abandonné par l'équipage, le juge doit fixer une rémunération « un peu plus avantageuse ». L'article 227 du projet de loi maritime scandinave porte, au contraire, d'une façon générale que « l'indemnité de sauvetage ne doit pas être fixée à plus d'un tiers de la valeur des objets sauvés ».

lorsqu'il se trouvera en présence d'un cas de sauvetage proprement dit, c'est-à-dire lorsqu'il s'agira, par exemple, de la trouvaille d'une épave que son propriétaire considérait comme perdue.

Au congrès d'Anvers, la distinction proposée entre le sauvetage et l'assistance au point de vue de la rétribution et adoptée en ces termes après discussion en commission : « L'indemnité d'assistance doit toujours rester au-dessous du taux qu'atteindrait, dans les mêmes circonstances, l'indemnité du sauvetage », a été repoussée en assemblée générale. On a fait remarquer, à tort selon nous, que les circonstances ne sont jamais les mêmes et qu'il est impossible de faire une comparaison. Sur les observations de M. Asser on supprima toute limite au montant de l'indemnité, et on fit une énumération des principaux éléments dont le juge doit tenir compte pour fixer la rétribution. « L'indemnité d'assistance *ou* de sauvetage doit être déterminée surtout en prenant pour base les circonstances suivantes : le zèle déployé, le temps employé, les services rendus au navire, aux personnes et aux choses, les dépenses faites, le nombre de personnes qui sont intervenues activement, le danger auquel ces personnes ont été exposées, le danger qui menaçait le navire, les personnes ou les choses sauvées, enfin, la valeur dernière des objets sauvés, déduction faite des frais ».

§ 2. — *De l'indemnité de sauvetage des personnes.*

A côté de l'indemnité de sauvetage et d'assistance, il y a en Angleterre un droit indépendant appelé *Salvage for preservation of life*, lorsque l'équipage ou les passagers du navire ont été sauvés. Il est très utile de savoir que ce droit est indépendant, car, s'il est vrai que pour en fixer le montant, ou doive évaluer la vie des personnes sauvées, cette évaluation n'est pas faite par comparaison aux objets sauvés, et par suite, il n'y a pas lieu à contribution. On comprend à la rigueur que la vie humaine prise en soi puisse être évaluée. C'est ce qui arrive encore assez fréquemment lorsque l'on alloue des indemnités aux victimes d'accidents ou à leurs héritiers. Mais ce que l'on comprendrait plus difficilement, ce serait que la vie de l'homme soit appréciée par comparaison aux choses sacrifiées ou sauvées, en vue d'établir une contribution entre elles.

Une première particularité de cette indemnité est la suivante : l'indemnité de *salvage for preservation of life* n'est pas due par la personne sauvée, mais par le navire et la cargaison (1). Dans le cas où le personnel du navire et la cargaison auraient été sauvés, alors que le navire aurait péri, les propriétaires de la cargaison seuls sont tenus de la payer d'après la jurisprudence anglaise (2).

Comme l'indemnité de sauvetage et d'assistance, l'indemnité de *salvage for preservation of life* est arbitrée par le juge.

Le *salvage par preservation of life* a beaucoup plus d'importance que le sauvetage d'un navire et de sa cargaison. Nous en trouvons la preuve dans Abbott : « *The*

(1) Valroger, t. 5, p. 81.
(2) R. I. D. M., t. 5, p. 580, n° XII.

salvation of life, dit-il, *is the most important of all ele-
ments in estimating the value of a salvage service. Dr.
Lushington on a value of 4132 l. has awarded 1180 l. to
the salvors of life and 480 l. to the salvors of property* ».
Ainsi, sur une valeur de 4132 l. les sauveteurs de vies
ont reçu 1180 livres tandis que les sauveteurs de choses
n'en ont reçu qne 480.

Veut-on une autre preuve de l'importance du *salvage
for preservation of life* en Angleterre? Cette indemnité
est payable par les propriétaires des choses sauvées...
in priority to all other claims of salvage.

Enfin, si la valeur des choses sauvées n'est pas suffisante pour dédommager les sauveteurs de vie, le surplus
est imputé à l'État sur les fonds de la marine marchande.
« *If the property is insufficient for the payment of the
expenses incurred in the salvage service, the Board of
Trade may in its discretion award ant of the Mercantile
Marine found to the life salvors such sums as it deems fit,
in whole or part satisfaction of the amount of salvage left
unpaid* » (Abbott).

Le *Merchant Schipping act* de 1854 (sect. 458) n'accordait l'indemnité dont nous venons de parler que dans
le cas où le sauvetage de vie avait été opéré dans les
eaux du Royaume-Uni et jusqu'à l'endroit où se fait sentir la marée (*on the shore of any sea or tidal water within
the limits of the U. K.*), mais l'*Admiralty Court Act* de
1861 (sect. 9) a étendu ce droit : 1° à tout sauvetage de
personnes, en quelque lieu que ce soit, si ces personnes
se trouvaient à bord d'un navire anglais ; 2° au sauvetage

dans les eaux anglaises, de personnes qui se trouveraient à bord de bâtiments étrangers. Il faut donc, pour que le droit de sauvetage pour vies humaines soit dû, ou bien que la personne sauvée ait été à bord d'un navire anglais, auquel cas le lieu de sauvetage est indifférent, ou que le sauvetage ait eu lieu dans les eaux anglaises, auquel cas le pavillon est indifférent (Asser et Rivier, *Dr. internat. privé*, p. 222).

En Allemagne, on permet aux sauveteurs de personnes de figurer dans le partage de l'indemnité au même titre que les sauveteurs de la propriété. D'après l'article 750, alinéa 2, ceux qui se sont exposés pour sauver des personnes sont admis au partage dans les mêmes conditions. Comme cela se passe en Angleterre, les personnes sauvées ne sont nullement tenues envers leurs sauveteurs.

Le congrès juridique de Lisbonne de 1889 (1) accorde également une indemnité aux sauveteurs de vie, mais à la différence du système anglais, c'est la personne sauvée qui est obligée envers son sauveteur. En cas d'insolvabilité de cette dernière, on propose la création de caisses de sauvetage et d'assistance maritime ayant pour objet de pourvoir aux frais et rétributions que les assistés et gens sauvés ne pourraient régler. Cela semble plus logique, mais présente plus de danger. En effet, du moment que les personnes sauvées sont obligées personnellement envers les sauveteurs, on n'est pas éloigné de les soumettre à la contribution. Ce danger n'est pas à craindre en Angleterre puisque le *salvage for preser-*

(1) *Annales de Dr. commercial* de M. Thaller, 1889, p. 271.

vation of life est une indemnité indépendante due par
les choses sauvées et non par les personnes.

En France, il n'existe aucune indemnité au profit de
ceux qui sauvent la vie aux personnes en danger, mais
le gouvernement pour récompenser le dévouement de
ceux qui opèrent de pareils sauvetages a, par une décision royale du 2 mars 1820, autorisé le ministre de la
marine à décerner des médailles aux marins qui expo-
sent leur vie pour sauver les personnes en danger de
périr dans les flots. Une ordonnance du 12 avril 1831
autorise les concessionnaires de ces médailles à les porter à la boutonnière suspendues à un ruban tricolore.
Pour obtenir ces médailles, ceux en faveur de qui elles
sont proposées doivent avoir compromis leurs jours en
bravant un danger réel. La remise des médailles de sauvetage est faite avec une certaine solennité en présence
d'anciens capitaines ou patrons (Circ. min., 21 mars
1820).

Notre loi du 10 mars 1891 ne prescrit pas seulement
le devoir d'assistance du navire à la suite d'un abordage mais aussi le sauvetage des personnes.

§ 3. — *De la rémunération d'assistance et des éléments qui
doivent servir à la déterminer à défaut de convention. Congrès de Bruxelles.*

La règle en cette matière est posée par l'article 3
(p. 410) du Congrès international de droit commercial
de Bruxelles. « L'assistance est rémunérée d'après les
règles de l'équité. Il est surtout tenu compte d'une part,
du temps et du personnel employés, des dépenses faites,

des pertes subies et des dangers courus par l'assistant :
d'autre part des services rendus au navire, aux personnes et aux choses assistées. Les services s'apprécient en
raison de la valeur dernière des choses sauvées ». Dans
tous les pays, la jurisprudence à défaut de loi s'inspire
de ces principes. Mais les diverses législations varient
sur l'étendue de la rémunération à accorder. Quelques-
unes laissent au juge une certaine latitude entre un maximum qu'il ne peut dépasser et un minimum au-dessous
duquel il ne peut descendre. En Finlande, le salaire de
l'assistant est déterminé d'après les circonstances sans
pouvoir être inférieur à un douzième ni supérieur à un
sixième de la valeur des choses sauvées si le capitaine
et l'équipage ont pris part au « sauvetage », ce qui suppose que l'on se trouve en présence d'un fait d'assistance. En Norwège, pays où la distinction entre le sauvetage et l'assistance n'existe pas, la rétribution des sauveteurs ou assistants ne peut « sans des raisons spéciales, être fixée à moins d'un quart ni à plus d'une moitié
des choses sauvées » (art. 92, Code de 1860).

Dans d'autres pays, le législateur fixe au juge un maximum qu'il ne peut dépasser. D'après l'article 749 du
Code allemand, « l'indemnité d'assistance doit toujours
être fixée à un taux inférieur à celui qu'aurait atteint
dans les mêmes circonstances, l'indemnité de sauvetage ».
Or, comme « le montant de l'indemnité de sauvetage ne
doit pas dépasser le tiers de la valeur des objets sauvés » (art. 748), il en résulte que la rémunération d'assistance sera toujours inférieure au tiers de cette valeur.
Au Congrès d'Anvers, en 1885, on a fait observer que

les circonstances ne seraient jamais les mêmes. Le Code
portugais de 1888 semble avoir tenu compte de cette
observation fort contestable à notre avis, nous le verrons
au chapitre IV. On lit, en effet, dans l'article 686 : « Le
salaire d'assistance doit être fixé à un taux moins élevé
que celui de sauvetage », et on n'ajoute pas comme dans
le Code allemand « dans les mêmes circonstances ».
En Italie, lorsque l'assistance a été prêtée avec danger
pour l'assistant, seul cas où celui-ci ait droit à un salaire, il lui est dû outre le recouvrement des dépenses
occasionnées, un prix qui ne peut dépasser le dixième
de la valeur des effets sauvés.

Enfin chez certaines nations, aucune limite n'est imposée au juge. Au Danemarck, d'après la loi de 1863,
« s'il est donné de l'assistance à un navire naufragé ou
à un navire en détresse pour sauver le navire ou sa cargaison ou des objets qui en font partie, si aucun contrat
n'a été consenti par le capitaine, le pilote ni quelqu'autre représentant du navire ou de la cargaison en danger,
la rémunération est fixée provisoirement par le magistrat du lieu. Si quelqu'une des parties estime que la rémunération fixée par le magistrat est trop forte ou trop
faible, elle pourra se pourvoir devant le tribunal de
commerce de Copenhague dont la décision peut encore
être émendée par le préfet ». En Angleterre et en Belgique, aucune limite ne vient non plus restreindre les
pouvoirs du juge.

§ 4. — *Répartition de la rémunération d'assistance
entre les intéressés.*

Le Droit anglais est absolument conforme aux princi-

pes rationnels en ce qui touche la distribution de l'indemnité entre les personnes qui ont participé à l'assistance.
L'autorité compétente doit pour faire cette répartition
rechercher surtout si la conservation du navire en péril
est due principalement aux services matériels du navire
assistant, à l'habileté du capitaine ou au courage et aux
efforts de l'équipage. Quand l'équipage s'est exposé à
des dangers dans le cours de l'assistance, l'indemnité
est attribuée pour moitié à l'armateur. L'autre moitié
revient dans des proportions variables au capitaine et
aux hommes de l'équipage. Lorsque l'équipage ne s'est
exposé à aucun péril, les trois quarts de l'indemnité re-
viennent à l'armateur, le capitaine en prend un dixième
et le reste est distribué aux officiers et aux gens de l'é-
quipage (1).

L'article 93 du Code norwégien de 1860 répartit la
rétribution entre les sauveteurs proportionnellement à
l'habileté déployée par eux et au danger auquel ils se
sont exposés.

En Italie, on s'en tient à la répartition proportionnelle fixe. Si l'engagement est au profit ou à la part, l'indemnité est comprise dans les bénéfices de l'expédition
et répartie dans la même proportion ; si l'engagement
est au mois ou au voyage, la moitié est attribuée à l'armateur tandis que l'autre moitié est répartie entre les
gens de l'équipage en proportion de leur salaire respectif (art. 138 de la mar. march.).

Le Code allemand, à défaut de convention entre les

___

(1) Haute Cour de justice, division de l'Amirauté, R. I. D. M., t. IV,
p. 576 ; Sainctelette, *Étude sur l'assistance maritime*, p. 21.

parties, s'est prononcé, comme en Italie, en faveur de la répartition proportionnelle fixe. L'armateur reçoit une moitié, le capitaine un quart et les hommes de l'équipage l'autre quart en proportion de leurs loyers (art. 751). Le Code portugais (art. 688) et le Code maritime finlandais (art. 165, al. 2) contiennent des dispositions identiques.

Ces législations sont absolument muettes sur la part qui peut revenir à l'affréteur ou chargeur. On peut pourtant soutenir que le navire en se livrant à des opérations d'assistance a fait courir un risque à l'affréteur et qu'il est juste de lui attribuer une certaine part de l'indemnité. A défaut de texte, la jurisprudence de certains pays a résolu la question en faveur de l'affréteur. La jurisprudence belge (1) et la jurisprudence anglaise (2) ont décidé que le chargeur d'un navire qui s'était livré à des opérations d'assistance en faisant courir des risques de perte ou de détérioration à la cargaison, avait droit à une certaine part de l'indemnité. A défaut de dommages subis ou de risques courus, le simple retard occasionné par l'assistance est suffisant pour donner des droits au chargeur.

Nous venons de voir comment se fait la répartition de la rémunération entre les divers assistants d'un même navire ; mais il se peut que plusieurs navires concourent à l'assistance ; comment se fera alors la répartition entre eux ? Il n'y a qu'à appliquer ici les règles

(1) *Jurisp. Anvers* 1875, p. 211.
. (2) Haute Cour de justice, div. Amirauté, 5 déc. 1876. *Journal de dr. internat. privé*, 1877, p. 59.

de l'équité : elle devra être proportionnée aux risques courus et aux fatigues supportées respectivement. Au cas où les éléments d'appréciation ne permettraient pas de spécifier le rôle de chacun, l'indemnité serait divisée au prorata du nombre des navires ou des personnes. En Belgique où la législation est muette sur ce point, c'est la solution admise par la jurisprudence. En Allemagne, l'article 750 dispose que « quand plusieurs personnes ont pris part au sauvetage ou à l'assistance, l'indemnité de sauvetage ou d'assistance est répartie entre elle à proportion des services qu'elles ont rendus par elles-mêmes ou à l'aide d'objets leur appartenant, et dans le doute par parties viriles ». La même disposition est reproduite dans le Code de commerce portugais (art. 687). Le Droit norwégien (art. 93), le droit finlandais (art. 165, al. 2) et le Droit anglais (*Merchant Schipping Act* de 1854, art. 498) sont dans le même sens. La distribution du salaire de sauvetage ou d'assistance entre plusieurs navires qui y ont participé est réglée dans ces divers pays comme dans le Code allemand.

§ 5. — *Formalités à remplir pour la conservation des droits du sauveteur et de l'assistant.*

Le sauvetage accompli, il faut le signifier aux autorités compétentes ; s'il ne le fait pas, le sauveteur perd son droit à l'indemnité parce qu'alors il ne s'agit plus de sauvetage mais d'appropriation. En Italie, quand un navire trouvé abandonné en mer, est ramené dans un port d'Italie, les sauveteurs sont tenus de déclarer cette prise (art. 134) à l'autorité maritime dans les vingt-quatre heures de leur rentrée au port. La même déclaration est obligatoire dans les Pays-Bas (art. 547 et 548) et au Portugal (art. 677 et 678).

Les formalités à remplir varient avec les différents cas de sauvetage. On sait qu'en Italie l'article 122 du Code de la marine marchande admet le sauvetage à la suite d'un naufrage ou autre sinistre de mer. Dans ce cas, l'officier du port doit immédiatement porter secours aux naufragés. En cas d'absence du capitaine, des propriétaires et des assureurs du navire et de la cargaison, le recouvrement des effets naufragés incombe exclusivement à l'autorité maritime. Si le navire est étranger, l'officier du port doit en informer le consul de la nation à laquelle il appartient et laisser à ce dernier la direction des opérations du sauvetage s'il en est requis.

Quand le navire a coulé bas sans laisser de traces à la surface de l'eau, l'article 137 du Code de la marine marchande italien décide que dans ce cas, « le capitaine du port où le sinistre s'est produit en publiera un avis circonstancié. Si, à l'expiration des deux mois de ladite publication, les propriétaires ou les intéressés au navire n'ont pas comparu pour déclarer qu'ils voulaient opérer le sauvetage, ou si ayant comparu, ils ont laissé écouler quatre mois sans procéder au relèvement du navire, ou si après avoir commencé l'entreprise ils l'ont abandonnée pendant quatre autres mois, les choses submergées seront considérées comme abandonnées et appartiendront à l'État ».

D'après l'article 752, n° 2 du Code allemand, « celui

qui n'a pas donné avis immédiat du sauvetage soit au capitaine soit au propriétaire, soit aux autorités compétentes n'ont aucun droit à l'indemnité de sauvetage ». Nous pourrions multiplier les citations de ce genre ; mais en deux mots, nous pouvons dire que les pays qui exigent des formalités, des déclarations par le sauveteur ou des publications par les autorités compétentes ont pour but de porter le sauvetage à la connaissance des intéressés (C. m. finl. art. 169 ; projet de loi maritime scandinave, art. 225, al. 2 ; Code des Pays-Bas, art. 348 etc....).

Un grand nombre de conventions consulaires contiennent des dispositions plus ou moins détaillées concernant les attributions des consuls en matière de sauvetage. On peut notamment consulter sur ce point la convention franco-belge de navigation du 31 octobre 1881, article 10. Le traité de commerce du 7 juillet 1865 entre la France et les Pays-Bas détermine le rôle des consuls et celui des autorités locales pour procéder au sauvetage. Des dispositions analogues sont insérées dans les traités de 1776 entre la France et les États-Unis de l'Amérique du Nord, de 1786 entre la France et la Russie, etc... Tantôt la direction du sauvetage est dévolue aux autorités locales, tantôt les usages ou les traités réservent aux consuls le droit d'intervenir.

L'assistant pour conserver ses droits a-t-il des formalités à remplir? Aucune loi ne parle de formalités particulières ou de prescriptions spéciales pour la conservation des droits de l'assistant. Seul le congrès de Bruxelles (p. 411 et 270 et s.) s'est occupé de la question. Il a été décidé dans le projet de loi uniforme pour tous les pays voté par ce congrès, que « l'action en paiement de l'indemnité d'assistance n'est subordonnée à aucune formalité préalable ». Toutefois le congrès soumet l'action de l'assistant à une prescription de deux ans commençant à courir « après la fin du voyage du navire assisté si ce voyage peut être achevé, et s'il ne peut l'être à partir du moment où l'intéressé aura pu agir utilement ». Dans la partie consacrée aux conflits de lois, le congrès de Bruxelles décide (p. 408 et 155, 162, 181, 231) qu' « en cas d'abordage ou d'assistance commencée en mer, le capitaine et les intéressés conservent leurs droits en réclamant dans les formes et délais prescrits par la loi du pavillon, par celle du navire débiteur ou par celle du premier port où le navire aborde » (art. 2). Mais cette disposition est absolument inutile en ce qui concerne l'assistance puisqu'aucune législation ne prescrit de formalités en matière d'assistance. Elle n'a d'utilité qu'en ce qui concerne les abordages. Toutefois l'utilité de cette disposition en ce qui concerne l'assistance pourra exister dans l'avenir.

SECTION IV. — Garanties des droits des sauveteurs et assistants (privilège, gage, droit de rétention).

Les garanties offertes aux sauveteurs et assistants varient selon les pays. En Angleterre, ils ont un droit de rétention (art. 468. M. S. A. de 1854) : « If the same is due in respect of services rendered in *assisting* any ship or boat, or in *saving* the lives of persons belonging to the same or the cargo or apparel thereof, he shall *detain* such ship, boat cargo or apparel ». Le même droit de rétention est accordé au sauveteur de vies (458, al. 2). En Hollande (art. 548 et 549), les sauveteurs ont le droit de ne pas se dessaisir de la chose sauvée tant qu'ils n'ont pas reçu « sûreté suffisante ».

En Allemagne, au droit de rétention le sauveteur ou assistant joint un droit de gage. « Les frais de sauvetage ou d'assistance (art. 753) y compris l'indemnité de sauvetage et d'assistance donnent lieu au profit du créancier à un droit de gage sur les objets sauvés ou mis en sûreté, et en outre, jusqu'à ce que des garanties aient été fournies, à un droit de rétention sur les objets préservés par un sauvetage proprement dit ». Le capitaine qui sans avoir acquitté ces droits livre au destinataire les marchandises sauvées devient personnellement garant envers le créancier (sauveteur ou assistant) de toutes les sommes que celui-ci aurait pu recouvrer sur les marchandises livrées au moment de leur livraison.

En Belgique, la loi du 21 août 1879 contenant le livre II du Code de commerce dit dans son article 4 : « Sont privilégiées dans l'ordre où elles sont rangées, les créances ci-après désignées... 6° les frais et indemnités dus à l'occasion du sauvetage ou de l'assistance maritime pour le dernier voyage ». Ce privilège est subordonné à certaines formes indiquées dans l'article 5 : « Le privilège accordé aux créances annoncées dans le précédent article ne peut être exercé qu'autant qu'elles seront justifiées dans les formes suivantes.... Les frais et indemnités dus à l'occasion du sauvetage ou de l'assistance maritime seront constatés par les jugements ou par les sentences arbitrales qui sont intervenus ou par les règlements arrêtés entre les parties et approuvés par le président du tribunal de commerce ».

L'article 133 du Code italien est ainsi conçu : « Sur le produit de la vente du navire et de la cargaison, sont privilégiés dans l'ordre suivant : 1° les frais de vente ; 2° les frais de sauvetage, de garde y compris la rémunération des sauveteurs ». Dans le droit maritime finlandais, le propriétaire des objets sauvés peut en prendre possession avant d'avoir effectué ou garanti la rétribution due pour le sauvetage (art. 167). Le projet de loi maritime scandinave (art. 230) et le Code portugais (art. 578) contiennent des dispositions analogues. Dans le n° 3 du tableau annexé aux documents recueillis par M. Picard pour le congrès d'Anvers, on lit qu'au Danemark, « le salvage ou autres dépenses du sauvetage sont hypothéqués sur les valeurs sauvées conformément aux dispositions du chapitre IX ».

On a dit pour justifier ce droit de rétention que le sauveteur n'acquiert pas un droit de propriété sur le navire. L'ancien propriétaire ne doit pas être réputé avoir abandonné volontairement son droit quand même il aurait perdu tout espoir de garder son bâtiment, mais avoir abandonné simplement sa possession sous l'empire de la nécessité. Le sauveteur trouve et acquiert pour son propre compte cette possession vacante. En conséquence, il a un droit de rétention jusqu'à ce qu'il ait été rémunéré de ses services ou jusqu'à ce que le bâtiment soit sous la garde régulière des autorités chargées de fixer cette rémunération.

CHAPITRE III

CONFLITS DE LOIS EN MATIÈRE DE SAUVETAGE ET D'ASSISTANCE.

Quand on parle de conflits de lois, il semble que les deux navires doivent appartenir à des nations différentes. S'ils ont la même nationalité, il paraît tout naturel d'appliquer la loi du pavillon. En principe, cela est exact ; mais des conflits de lois peuvent prendre naissance alors même que les deux navires sont de même nationalité. Supposons en effet un refus d'assistance à la suite d'une collision dans un port, entre navires portant même pavillon, la *lex loci* sera-t-elle applicable à l'exclusion de la loi du pavillon ? Supposons encore qu'un navire prête assistance à un autre bâtiment de même nationalité que lui dans les eaux intérieures d'un pays étranger. Les parties n'ayant pas fait de convention, il y a quasi-contrat d'assistance. Quelle loi sera applicable ? Est-ce la loi du pavillon de ces navires ou celle du pays dans les eaux duquel l'assistance s'est produite ? Des conflits peuvent donc s'élever quand bien même les navires auraient une nationalité identique.

SECTION I. — **Des cas où les conflits peuvent s'élever.**

Voici quelques espèces où il y a intérêt à savoir quelle loi sera applicable en cas de conflit.

On a vu qu'en Angleterre, il existe une indemnité spéciale de *salvage for preservation of life* à la charge des propriétaires du navire et de la cargaison. Cette indemnité n'est pas admise dans tous les pays. Il en résulte que si un sauvetage de personnes est opéré par des Anglais dans les eaux d'un pays qui n'accorde pas une rémunération spéciale pour le sauvetage des personnes, les droits des sauveteurs de vies seront subordonnés à l'application de la loi anglaise.

La présomption de faute attachée au défaut d'assistance à la suite d'un abordage dans certains pays (Angleterre, États-Unis) donne également une grande importance aux conflits de lois.

En Italie, l'assistance est obligatoire en tout état de cause. Supposons qu'un navire italien se trouve en détresse dans un port de France ou dans les eaux territoriales de la France, et qu'un autre navire italien, le pouvant, refuse de le secourir. Un tribunal français, saisi de ce cas, va-t-il appliquer la loi française ou la loi italienne ?

On peut encore supposer qu'un quasi-contrat d'assistance ait pris naissance en pleine mer entre deux navires de nationalité différente. Devra-t-on appliquer la loi de l'assistant, celle de l'assisté ou celle du tribunal saisi ?

Enfin, selon la loi qui sera déclarée applicable, l'assistant qui aura agi en vertu d'une obligation de service aura droit à une rémunération ou au contraire en sera privé. Il en sera de même dans les pays où l'on considère le succès de l'opération comme une condition requise pour l'existence même de l'assistance.

SECTION II. — **De la loi à appliquer en cas de conflit.**

La divergence entre les différentes législations donne
lieu à des conflits de lois qu'il n'est pas toujours aisé de
trancher. L'assistance, nous l'avons vu, constitue tantôt
un contrat, tantôt un quasi-contrat. D'autre part, le sauvetage d'un navire abandonné en mer, d'après l'opinion
que nous avons admise est un quasi-contrat. On ne peut
proposer une solution unique à ces diverses situations.
Le principe admis en droit international est que, les obligations conventionnelles procédant de la volonté des
parties, on doit tenir compte de cette volonté pour déterminer la loi à appliquer. Au contraire, les quasi-contrats, comme d'ailleurs les délits et les quasi-délits, ont
pour cause la loi. Cette loi est celle du lieu où les faits se
sont passés. M. Laurent a contesté cette doctrine en ce
qui touche les quasi-contrats. Il a même inséré dans son
avant-projet du Code civil belge une disposition d'après
laquelle « les quasi-contrats sont régis par la loi personnelle des parties si elles ont la même nationalité, et par
la loi du lieu où le quasi-contrat se forme si elles appartiennent à des nations différentes ». Cette opinion est
généralement repoussée, mais dût-on l'admettre, on ne
saurait l'appliquer à notre matière? En effet, on peut
concevoir qu'un quasi-contrat donne lieu à une interprétation de volonté. Un gérant d'affaires peut par exemple
déclarer qu'il entend soumettre les conséquences de l'acte
de gestion à la loi personnelle du *dominus* si celui-ci

consent à le ratifier. La volonté peut ainsi jouer un certain rôle dans les quasi-contrats mais cela ne se présentera jamais pour le sauvetage ou l'assistance. Il n'y a
donc pas à se livrer à cet égard à une interprétation de
volonté. Les obligations qui découleront du quasi-contrat
de sauvetage et d'assistance seront soumises, en principe, à la loi du lieu où les faits se sont passés. Dans les
cas où il y aura contrat d'assistance, c'est-à-dire, lorsque
les parties se seront librement entendues, il faudra interpréter cette volonté en cas de litige. Si par exemple
un navire français se dirigeant vers un port anglais prête
assistance à un autre navire français ayant la même destination et qu'il soit convenu qu'en cas de désaccord, la
difficulté devra être tranchée conformément à la loi anglaise, on devra tenir compte de cette volonté. En dehors de ce cas, il faudra distinguer pour déterminer la
loi à appliquer en matière de sauvetage et d'assistance si
les faits se sont passés dans les eaux intérieures d'un
pays, en mer ou dans les eaux territoriales.

§ 1. — *Assistance dans les eaux intérieures.*

Nous ne parlons pas du sauvetage dans les eaux intérieures, car il ne peut avoir lieu qu'en pleine mer. C'est
une condition requise pour qu'il y ait sauvetage : il faut
que l'épave ait été recueillie en mer (art. 27, ordonn.
de 1681).

L'assistance dans les eaux intérieures peut constituer
un contrat ou un quasi-contrat.

Quand l'assistance constitue un contrat, la solution

en cas de conflit est une question d'interprétation de la convention. Que la convention se soit formée dans les eaux intérieures, en mer ou dans les eaux territoriales, le juge du tribunal saisi doit se prononcer d'après la loi que les parties ont en vue. Nous empiétons volontairement sur les deux paragraphes qui vont suivre afin de présenter dans son ensemble la solution des conflits de lois quand il y a eu convention entre les parties. La règle d'après laquelle les « conventions légalement formées tiennent lieu de lois à ceux qui les ont faites » (1134, Civ.) est vraie aussi bien en droit international qu'au point de vue de la législation interne. Donc, quelle que soit la nationalité des navires, si les parties ont expressément déclaré qu'elles s'en remettaient à telle loi de préférence à telle autre, c'est la loi choisie qui devra régir le contrat. Mais il est rare que les parties soient assez prévoyantes pour s'en rapporter à l'avance à une juridiction déterminée, car elles ne songent généralement pas au moment du contrat que des contestations pourront s'élever un jour sur l'interprétation ou l'étendue de ce contrat. Quelle loi devra-t-on alors appliquer? Pour résoudre cette question, nous ferons une distinction : a) les navires sont de même nationalité ; b) ils sont de nationalités différentes.

a) Lorsque les navires sont de même nationalité, c'est la loi du pavillon qui sera applicable. Pour l'assistance prêtée en mer ou dans les eaux territoriales, cela n'est guère contestable ; quant à l'assistance prêtée dans les eaux intérieures, il n'est nullement exagéré de présumer que les parties ont entendu s'en remettre à leur loi nationale, la seule qu'elles connaissent. Tout au moins la connaissent-elles mieux que celle du lieu où l'assistance a été prêtée.

b) Lorsque les navires sont de nationalités différentes et qu'une difficulté s'élève sur l'interprétation de la convention, il n'y a pas de raison de préférer la loi de l'un plutôt que celle de l'autre. En droit international, quand un débat s'élève sur l'interprétation d'une convention conclue dans un pays autre que celui de chacun des contractants, le tribunal saisi de la contestation, d'après l'opinion qui semble la meilleure, doit appliquer la *lex loci actûs*. Ce système présente sur la *lex solutionis* l'avantage d'être connu d'avance et d'empêcher, le lieu du paiement pouvant être abandonné par l'une des parties, que celle-ci soit maîtresse de déterminer seule la loi applicable à la convention. En appliquant ce système au cas où un contrat d'assistance a été conclu par des navires de nationalités différentes, nous devons appliquer la *lex loci actûs*, c'est-à-dire la loi du lieu où l'assistance a été prêtée. Cela ne présente pas de difficulté quand le contrat d'assistance a été conclu dans les eaux intérieures d'un pays ; mais lorsque ce contrat est intervenu en pleine mer, à défaut de tout indice pouvant éclairer le juge sur la volonté des parties nous appliquerions la *lex loci solutionis* c'est-à-dire la loi du tribunal saisi.

Le juge qui aura à faire l'application de la *lex loci actûs* ou de la *lex solutionis* devra jusqu'à un certain point tenir compte de la loi nationale des parties. C'est cette dernière, en effet, qui régit la capacité des parties soumise au statut personnel. La *lex loci actûs* ou la *lex solutionis* déterminera les conditions essentielles à l'existence du contrat, notamment tout ce qui a trait au consentement, à l'objet et à la cause, mais c'est la loi nationale qui tranchera les questions de capacité. Et si par exemple on considère l'article 127 du Code de la marine marchande italien qui prononce la nullité de tout engagement pris en pleine mer ou au moment du danger comme une condition de capacité et non comme un vice du consentement, le tribunal devra prononcer la nullité d'un pareil engagement pris par un navire italien conformément à l'article 127.

L'assistance dans les eaux intérieures peut aussi constituer un quasi-contrat. La *lex loci* sera applicable, car les obligations qui dérivent d'un quasi-contrat sont soumises à la loi du lieu où ce quasi-contrat s'est formé. Malgré les objections qui ont été faites contre ce système au Congrès d'Anvers quand l'assistance constitue un quasi-contrat dans les eaux intérieures, le principe de l'application de la *lex loci* a triomphé. M. Picard avait à ce propos rapporté le fait suivant : « Un navire est en détresse dans les eaux hollandaises, à Flessingue. Les remorqueurs qui font le service de l'assistance dans l'Escaut sont presque tous anversois. Ils se trouvent à Flessingue, tirent le vaisseau d'embarras, et s'il se produit une contestation sur le taux de la rémunération, cette contestation devra être tranchée par la loi hollandaise quoique l'assistant ait eu plutôt en vue sa législation personnelle ». Cet exemple peut se produire dans d'autres pays dans des conditions analogues, car partout des remorqueurs peuvent prêter assistance dans des eaux

autres que celles de leur territoire. Dans toutes ces
circonstances, l'assistant a en vue sa législation personnelle bien plus que celle des pays étrangers où il se
trouve ; mais comme nous avons supposé qu'il n'y a pas
eu contrat, les obligations qui résultent de l'assistance
doivent être considérées comme dérivant de la loi. Or
la loi, dans l'exemple cité est la loi hollandaise c'est-à-
dire la loi du lieu dans lequel l'assistance s'est produite.
Le congrès d'Anvers a adopté la résolution suivante dans
le cas où le quasi-contrat d'assistance s'est formé dans
des eaux intérieures : « L'assistance maritime dans les
ports, fleuves et autres eaux intérieures est rémunérée
d'après la loi du lieu où elle se produit ». Malgré la généralité des mots : « l'assistance maritime... », le congrès n'a eu en vue que le quasi-contrat d'assistance. Cela
a été dit formellement et résulte d'ailleurs de l'ensemble
des travaux du congrès.

§ 2. — *Sauvetage et assistance en pleine mer.*

Une des conditions essentielles du sauvetage, c'est la
rencontre *en pleine mer* du navire abandonné. Lorsque
les deux navires auront même nationalité, comme on ne
peut songer à appliquer la loi du lieu où les faits se sont
passés puisque cette loi n'existe pas, le juge devra tenir
compte de la loi du pavillon. L'application de la loi du
pavillon se justifie d'autant mieux que les navires sont
regardés comme les parties flottantes de leur pays d'o-
rigine, comme la continuation ou la prolongation du
territoire. Si l'on comprend qu'un bâtiment séjournant

dans les eaux intérieures ou même dans les eaux territoriales d'un pays puisse être soumis aux lois de ce pays, en haute mer, il ne relève plus que des lois du pays dont il porte le pavillon parce qu'il se trouve dans un endroit qui n'est pas susceptible de souveraineté spéciale de la part d'une autre nation.

Mais, les navires peuvent être de différente nationalité, quelle loi faudra-t-il appliquer? Sera-ce la loi du sauveteur, du sauveté ou celle du lieu de refuge en alléguant que le navire n'est réputé sauvé que lorsqu'il est ramené en lieu sûr? Faisons d'abord remarquer avec M. Lyon-Caen (1) que « les conflits de lois en matière maritime privée ne doivent pas toujours être tranchés à l'aide des principes ordinaires du droit international. La matière spéciale des bâtiments de mer, la nécessité de faciliter et de favoriser les relations maritimes et commerciales entre les concitoyens des divers États, doivent faire fréquemment appliquer des règles toutes particulières : on doit se référer à la loi du pavillon du navire alors que les principes du droit commun entraîneraient l'application de la loi du pays dans lequel se trouve en fait le navire... ». Le tribunal de Nantes (Nantes, 28 août 82, N. 82.1.247) a jugé qu'en sauvant un navire abandonné, le sauveteur se porte gérant d'affaires des propriétaires de ce navire. La gestion d'affaires étant un quasi-contrat, le droit du sauveteur est personnel. Ce quasi-contrat se forme à l'instant où le sauveteur manifeste sa volonté de se porter gérant d'affaires, c'est-à-dire à l'instant où il prend possession de l'épave. C'est

(1) Lyon-Caen, *Études sur le dr. intern. privé maritime.*

alors que prend naissance l'obligation de rendre compte
pour le sauveteur, de payer l'indemnité pour le sauvelé.
Et de même que c'est au moment où une convention se
forme qu'il faut se reporter pour en constater la nature
et par suite déterminer les lois qui doivent la régir, de
même dans les engagements qui se forment sans convention, c'est le moment où se produit le fait qui donne
naissance aux obligations qu'il faut considérer pour déterminer la législation sous l'empire de laquelle a agi
celui qui a commis le fait générateur de l'obligation.

Ceux qui n'admettent pas que le sauvetage en pleine
mer constitue un quasi-contrat appliquent également la
loi du pavillon du sauveteur en faisant un autre raisonnement : le sauveteur en pleine mer agit sous l'empire
des lois de la nation dont il porte le pavillon. Quant au
navire sauvé, comme il est abandonné, il n'est soumis
à la loi d'aucune nation. Au moment où le sauveteur
en prend possession, personne n'est là pour lui opposer
un droit contraire dérivant d'une législation spéciale ;
le sauveteur en fait sa dépendance et le place sous la
souveraineté de sa nation. Quelle que soit donc la nationalité des deux navires, il ne peut y avoir conflit.

Reste la loi du lieu où l'épave a été ramenée. C'est
celle dont on demandait l'application au tribunal de
Nantes et à la cour de Rennes (Cass., 6 mai 1884, S. 84.
1. 337). On dit : le navire n'étant réputé sauvé qu'en
arrivant dans un port de refuge, c'est la législation de
ce pays qui doit être appliquée pour déterminer les conséquences du sauvetage. Cette opinion doit être repoussée. Tout ce que l'on peut conclure de ce que le sauve-

tage n'est réputé accompli qu'alors que le navire est
parvenu en lieu sûr, c'est que tant qu'il n'en sera pas
ainsi, celui-ci ne devra pas être considéré comme sauvé
et que le sauveteur n'aura droit à aucune indemnité. Tel
serait le cas où l'épave aurait coulé avant d'arriver à
bon port. Le sauveteur est débiteur d'une obligation de
faire ; il est aussi créancier de l'indemnité, mais il ne
pourra la réclamer qu'après avoir exécuté son obligation
c'est-à-dire qu'après avoir conduit le navire dans un
port de refuge. Peu importe que ce lieu de refuge soit
un port étranger, que l'obligation soit exécutée à l'é-
tranger, car elle a pris naissance au moment de la prise
de possession, en haute mer, sous l'empire de la législation du sauveteur.

On sait que M. Desjardins regarde le sauvetage en
pleine mer d'un navire abandonné comme un mode d'acquisition de la propriété spécial au droit maritime. Dans
cette doctrine, c'est encore la loi du sauveteur qui est
applicable. En s'emparant d'une *res nullius*, ou *res derelicta*, le sauveteur acquiert par voie d'occupation un droit
de propriété consacré par la loi de son pays (art. 27 de
l'Ordonnance de 1681). Ce droit ne saurait être modifié
par suite d'une relâche dans des eaux étrangères. Cette
doctrine aboutit au même résultat que la précédente. Il
n'y a qu'une différence entre elles : c'est qu'ici le sauveteur a un droit réel sur la chose au lieu d'avoir un simple droit de créance.

L'assistance en pleine mer, comme l'assistance dans
les eaux intérieures peut constituer un contrat ou un quasi-
contrat. Nous n'avons rien à ajouter à ce que nous avons

14

dit précédemment du contrat d'assistance en pleine mer.
La loi du pavillon est applicable lorsque les navires sont
de même nationalité. Lorsqu'ils sont de nationalités
différentes, les difficultés relatives à l'interprétation de
la convention devront être tranchées par la *lex loci actûs*
si le contrat est intervenu dans les eaux intérieures, et
par la *lex solutionis*, c'est-à-dire par la loi du tribunal
saisi, si la convention a été conclue en pleine mer.

La plupart du temps, les parties n'auront point fait
de convention. D'après quelle loi réglera-t-on leurs rapports ? On ne peut appliquer la *lex loci actûs* comme cela
se fait en droit international pour les quasi-contrats. Il
n'y a pas plus de raison d'appliquer la loi de l'assistant
que celle de l'assisté. On pourrait dire cependant en
faveur de la loi de l'assisté que la partie stipulante est
l'assistant et qu'en cas de doute, on interprète les conventions contre ceux qui stipulent au profit de celui qui
s'oblige (1162, C. civ.). En ajoutant que dans le cas où
il y aurait plusieurs assistants, la loi unique de l'assisté
éviterait de nombreuses difficultés, il semble que la loi
de l'assisté doive être préférée. Malgré ces raisons, le
congrès d'Anvers a décidé qu'en cas de conflit résultant
de l'assistance en pleine mer entre navires de nationalités différentes, la loi de l'assistant l'emporterait. Voici,
du reste, le texte de la résolution votée : « Si l'assistance
a eu lieu en pleine mer, *a*) entre des navires de même
nationalité, c'est leur loi nationale qui doit être appliquée, *b*) si les navires ont des nationalités différentes,
la loi du navire qui a prêté assistance doit être appliquée.
En effet, l'acte purement volontaire du navire qui porte

secours doit être réputé fait suivant sa loi nationale, la
seule qu'il connaisse et qu'il doive reconnaître en mer.
Le navire secouru subit les circonstances et ne peut leur
commander : il doit acheter l'assistance au prix que
l'autre est légalement en droit de lui demander ». Il est
bien entendu qu'il s'agit là d'un quasi-contrat d'assistance. Cela résulte de la discussion en commission où il
a été dit formellement : « l'assistance maritime étant
un quasi-contrat est soumise etc.... » La considération
qui a emporté le vote, il faut le reconnaître n'est pas une
considération juridique, mais une raison pratique. Il
faut, a-t-on dit, encourager l'assistance. L'homme est
égoïste ; il ne se détournerait pas de sa route pour secourir un navire en danger, s'il ne connaissait à l'avance la
rémunération qui lui reviendra ou le tribunal qui en fera
l'estimation (*Actes du congrès d'Anvers*, p. 146 et s.).

§ 3. — *Assistance dans les eaux territoriales.*

Quelle loi est applicable en cas d'assistance dans les
eaux territoriales ? La question revient à se demander
s'il faut traiter cette assistance comme l'assistance dans
les eaux intérieures ou comme l'assistance en pleine mer.
Au congrès d'Anvers, on assimila les eaux territoriales
à la pleine mer en alléguant qu'on ne peut pas dire que
la mer territoriale est le territoire d'un pays. Nous
croyons au contraire avec MM. Lyon-Caen et Desjardins
que les eaux territoriales doivent être assimilées aux
eaux intérieures. D'abord, le pays a sur les eaux territoriales un droit de police. Et puis, le défaut d'assistance

constituant un délit, l'appréciation de ce fait est intime-
ment liée à la répression pénale, ce qui est une nouvelle
raison en faveur de l'assimilation avec les eaux intérieures. En conséquence, quand il y aura contrat d'assistance, les parties seront libres de s'en rapporter à une
loi quelconque ; mais si elles n'ont pas pris soin de fixer
cette loi, les difficultés d'interprétation de la convention
seront tranchées d'après la loi du pavillon si les navires
sont de même nationalité, et d'après la loi du lieu de
l'assistance s'ils sont de nationalités différentes. Dans le
cas où il n'y aurait qu'un quasi-contrat d'assistance dans
les eaux territoriales, on appliquera la *lex loci*.

L'assistance peut commencer en mer et être continuée
dans les eaux territoriales et intérieures ; il peut y avoir
plusieurs assistants ; ces circonstances vont-elles influer
sur la loi à appliquer ? En aucune façon. Le lieu où l'assistance a commencé sert à déterminer la loi applicable,
et s'il y a plusieurs assistants les principes posés permettront de donner une solution satisfaisante aux réclamations de chacun. Si les divers assistants ne sont liés
par aucune convention envers l'assisté, chacun sera rémunéré d'après sa loi nationale et proportionnellement
à la part prise dans l'assistance en supposant que celle-
ci ait eu lieu en mer. Au contraire la *lex loci* leur serait
applicable s'ils avaient prêté l'assistance dans les eaux
territoriales ou dans un port.

Le Code de commerce portugais de 1888 est le seul
Code qui ait traité des conflits de lois en notre matière.
L'article 69 donne une solution conforme aux principes
que nous avons développés. Il est ainsi conçu : « Le sau-

vetage ou l'assistance dans les ports, rivières et eaux territoriales sera rémunéré conformément à la loi du lieu où le fait se produira ; en haute mer, d'après la loi de la nationalité du navire qui a opéré le sauvetage ou prêté assistance ».

SECTION III. — Des conflits qui peuvent s'élever par suite du refus d'assistance.

Le refus d'assistance à la suite d'un abordage est un délit dans les législations française, anglaise et des États-Unis. Dans certains pays, il n'est même pas nécessaire que les navires soient entrés en collision ; le seul refus de secourir un bâtiment rencontré en détresse constitue le délit. Enfin, il existe des législations dans lesquelles le défaut d'assistance n'a pas un caractère délictuel. La diversité de ces législations peut donner naissance à de graves conflits. Selon le lieu où le délit a été commis, la loi à appliquer ne sera pas la même.

Le refus d'assistance dans les eaux intérieures d'un pays doit être réprimé par les lois de ce pays. En effet, les obligations qui dérivent d'un délit sont régies par la loi du territoire sur lequel les faits se sont passés. Il n'est pas besoin de distinguer si les navires sont de même nationalité ou de nationalités différentes. Dans tous les cas, la *lex loci* sera applicable.

La même solution doit être appliquée lorsque ce délit a été commis dans les eaux territoriales, car ces dernières, d'après l'opinion qui nous semble préférable, doivent être assimilées aux eaux intérieures.

Enfin, le refus d'assistance soit à la suite d'un abordage, soit en dehors de tout abordage, comme en Italie, par exemple, peut avoir lieu en pleine mer. Quelle loi devra-t-on appliquer? Sera-ce la loi du pavillon du navire auquel on impute ce délit, ou celle du tribunal saisi? Contre la loi du pavillon, on a dit qu'il était inadmissible que le juge d'un pays soit obligé de reconnaître le caractère de délit à un fait auquel ce caractère est dénié par la loi du pays où l'action est intentée. On ajoute que le juge du tribunal saisi ne peut apprécier les conséquences d'un fait délictueux en tenant compte d'une autre loi que la sienne. Cette doctrine est certainement exagérée, mais elle contient quelque chose de vrai. Ce que le juge du tribunal saisi ne pourra pas faire, ce sera de qualifier de délit le défaut d'assistance et d'appliquer une peine sans se conformer à la loi qui lui donne le pouvoir de juger. Mais il pourra, sans aucun doute, se prononcer sur les conséquences de ce délit au point de vue civil. Quand un même fait constitue tout à la fois une infraction à la loi pénale et un délit civil, c'est seulement en ce qui concerne l'infraction pénale qu'il est vrai de dire que la loi du juge saisi est territoriale. La réparation du délit civil a un caractère très différent. Le juge saisi pourra donc en appliquant la loi du pavillon du navire qui a commis le délit de défaut d'assistance allouer des dommages-intérêts à la partie qui aura souffert de ce délit civil. La loi du pavillon sera applicable et non la *lex loci* comme cela devrait avoir lieu d'après les principes du droit international parce qu'on ne peut pas tou-

jours trancher les difficultés qui s'élèvent en droit international maritime à l'aide des principes du droit commun. Ainsi, dans notre espèce, on ne peut pas appliquer
la *lex loci*, car il n'existe pas de loi applicable à la pleine
mer.

CHAPITRE IV

DE L'ASSISTANCE MARITIME EN LÉGISLATION.

On a pu constater dans le cours de cette étude les divergences considérables qui existent entre les législations qui ont réglementé notre matière. Dans quelques pays, cette réglementation est encore très rudimentaire. Il y a certainement ici des améliorations à proposer, des progrès à réaliser. Convient-il d'abord de distinguer le sauvetage de l'assistance? Cette distinction n'existe pas en Angleterre. Aucun texte ne la prévoit en Belgique. L'Allemagne, le Portugal, au contraire, la formulent très nettement. Où est la vérité juridique sur ce point?

Doit-on, en législation, imposer l'obligation d'assistance à tout navire qui rencontre un bâtiment en détresse comme en Italie? Vaut-il mieux s'en tenir à l'assistance obligatoire à la suite d'un abordage comme en France, en Angleterre, aux États-Unis ?

Ce n'est pas tout ; dans le cas où l'obligation d'assistance serait jugée nécessaire et utile à la suite d'un abordage, faudrait-il, dans une bonne législation, attacher une présomption de faute à l'encontre de celui qui ne se conforme pas aux prescriptions de la loi?

Enfin, les personnes qui grâce au secours prêté, ont échappé à un danger certain, doivent-elles contribuer tout comme le navire et la cargaison au paiement de la juste rémunération réclamée par l'assistant? Autant de questions sur lesquelles il est permis d'hésiter.

Nous pourrions encore nous demander s'il est bon de mettre une limite à la rémunération de l'assistant et de décider qu'elle doit toujours être supérieure à la rétribution du sauveteur ; rechercher si les droits de l'assistant doivent dépendre du succès de l'opération, etc... ; mais ces questions n'ont pas la même importance que les précédentes. Nous les avons d'ailleurs résolues implicitement.

1. *Doit-on, en législation, distinguer le sauvetage de l'assistance ?*

Dans une bonne législation, on devrait, croyons-nous, s'attacher à distinguer le sauvetage de l'assistance. Le sauvetage et l'assistance, en effet, correspondent à des situations absolument différentes. Le sauvetage, nous l'avons vu, suppose que la perte du navire est consommée ; l'assistance, au contraire, tend toujours à prévenir cette perte. De plus, l'assistance est personnelle ; elle implique un secours prêté à la personne dont la chose est en danger pour l'aider à sauver cette chose ; le sauvetage, au moins dans le cas type de sauvetage suppose un navire *abandonné*.

Les caractères du sauvetage et de l'assistance présentent aussi de nombreuses différences. Le navire abandonné, pour ne parler que de ce cas spécial, doit avoir été *trouvé* en *pleine mer*. Ni la rencontre fortuite, ni la trouvaille en pleine mer ne sont des conditions requises pour qu'il y ait assistance ; il faut seulement que le na-

vire soit en péril, que l'assistant n'impose pas ses services et qu'il soit étranger au navire assisté.

Enfin, notre distinction présente un intérêt pratique
considérable. Dans le cas d'assistance, la rétribution de
l'assistant doit être nécessairement inférieure à celle
que l'on accorderait au sauveteur, dans les mêmes circonstances. Cet intérêt a été mis en lumière par M. Sainctelette (1) au congrès d'Anvers dans la discussion en
commission. « Il y a lieu, dit-il, de distinguer l'indemnité
d'assistance de l'indemnité de sauvetage, de décider que
l'indemnité d'assistance doit toujours rester au-dessous
du taux qu'atteindrait, dans les mêmes circonstances,
l'indemnité de sauvetage, de déclarer que le montant de
l'indemnité de sauvetage ne peut, à moins de circonstances extraordinaires, dépasser le tiers de la valeur des
effets sauvés ». Mais pourquoi, dira-t-on, la rétribution
du sauveteur doit-elle être inférieure à celle de l'assis-
sant ? M. de Courcy (2) se charge de répondre : « Puisque, dit-il, il y a une disposition légale qui attribue aux
sauveteurs le tiers de la valeur des effets trouvés en
pleine mer ou tirés de son fond, le droit conféré par la
simple assistance doit être nécessairement inférieur à ce
tiers. Il n'y a pas de trouvaille, il n'y a eu aucun abandon de la propriété sur laquelle n'a pas cessé de veiller
le capitaine qui en avait la charge. Il serait manifestement illogique que dans ce cas beaucoup plus favorable
pour les propriétaires, ceux-ci eussent à subir un sacrifice plus grand ou même égal. Le maximum du droit

(1) *Actes du congrès d'Anvers*, p. 304.
(2) Courcy, *Quest. de dr. mar.*, 3ᵉ série, p. 27.

d'assistance sera donc inférieur au tiers de la valeur, et il y a là pour les tribunaux une limite extrême ». Alors même qu'il n'y aurait pas de disposition légale fixant la rétribution du sauveteur, la rémunération d'assistance laissée à la libre appréciation des tribunaux devrait être inférieure à l'indemnité de sauvetage, car comme le dit M. de Courcy, l'assistance est plus favorable aux propriétaires puisqu'il n'y a eu ni trouvaille ni abandon de la propriété. Il ne serait donc pas juste que ces derniers fussent plus mal traités que dans les cas de sauvetage.

Tel est l'intérêt pratique, et on peut dire le principal intérêt de notre distinction. On a objecté (1) qu'il peut se faire que l'assistance soit plus méritoire, plus utile et plus périlleuse pour l'assistant que le sauvetage. Plus méritoire, peut-être, car l'assistant songeant qu'il y a des vies humaines à sauver entreprendra l'assistance alors que, dans les mêmes circonstances, il eût certainement abandonné l'épave ; mais plus utile et plus périlleuse, cela est contestable. D'abord l'assistance ne peut pas être plus utile pour l'assistant, car le navire n'étant pas abandonné, il sait que son assistance sera moins payée que s'il y avait sauvetage. D'autre part, l'assistance ne peut pas être plus périlleuse que le sauvetage. Le texte porte « *dans les mêmes circonstances* ». M. Asser a soutenu que les circonstances ne seraient jamais les mêmes, car le fait de l'assistance et le fait du sauvetage sont différents. Il est vrai que le fait du sauvetage et le fait de l'assistance sont différents, mais pourquoi ne peut-on pas se figurer l'un et l'autre dans les mêmes cir-

(1) *Actes du Congrès d'Anvers*, p. 304 et s.

constances ? Ainsi, supposons qu'un bâtiment rencontre par une mer calme un navire abandonné. Peut-on se figurer l'assistance dans les mêmes conditions ? Certainement. C'est ce qui arriverait si par une mer aussi calme le navire se trouvait en détresse par suite d'une voie d'eau qui se serait déclarée à bord ou par suite d'un commencement d'incendie que l'équipage de l'assistant aurait aidé à éteindre. Supposons au contraire qu'il y ait sauvetage et assistance par mauvaise mer. Les circonstances sont les mêmes ; l'assistance sera moins difficile, car les efforts de l'assistant seront secondés par ceux de l'assisté. La marge de l'extrême limite du tiers est singulièrement large. Le juge a toute latitude dans cette limite pour proportionner le rémunération *ex æquo et bono* aux efforts de l'assistant, aux dangers courus par lui, au temps qu'il a perdu, etc... « Il y a tant de différence, dit M. de Courcy, entre une assistance de quelques heures sans danger et des efforts persévérants qui auront bravé tous les périls ». Pour M. de Courcy, (t. 3, p. 31) une loi bien faite devrait s'attacher d'abord à poser la distinction du sauvetage et de la simple assistance, laquelle ne peut conférer un droit à une part quelconque de la propriété secourue. Elle fixerait, pour le cas le plus favorable, la trouvaille de l'épave abandonnée (ce que l'on est convenu d'appeler sauvetage), la limite du tiers de la valeur, ainsi que l'a fait l'ordonnance de 1681. Pour les cas moins favorables c'est-à-dire quand il y a simple assistance, la rémunération devrait être nécessairement inférieure à ce tiers.

Au congrès d'Anvers, cette distinction avait été adoptée en commission. M. Sainctelette avait fait passer sa proposition ainsi conçue : « L'indemnité d'assistance doit toujours rester au-dessous du taux qu'atteindrait, dans les mêmes circonstances, l'indemnité de sauvetage » ; mais en assemblée générale, on se prononça contre toute distinction, et la résolution 61 détermina comment devrait être réglée « l'indemnité de sauvetage *ou* d'assistance ». Il en résulte qu'aux yeux de la majorité des membres du congrès d'Anvers il n'y a qu'une différence de mots entre le sauvetage et l'assistance, le sauvetage supposant une perte consommée tandis que l'assistance suppose un secours prêté dans le but d'éviter la perte. Dans l'un et l'autre cas, le juge est investi d'un pouvoir souverain d'appréciation pour fixer la rétribution des sauveteurs ou assistants.

2. *L'assistance doit-elle être déclarée obligatoire même en dehors de tout abordage?* — En Italie (art. 120 du Code de la marine marchande), « le capitaine d'un navire italien qui rencontre un navire quelconque, étranger ou national, en péril de se perdre, doit accourir à son aide et lui prêter toute assistance possible. « Il en est de même aux Pays-Bas et en Autriche. Doit-on approuver la législation de ces pays ? Est-il désirable que le principe de l'obligation d'assistance dans tous les cas de détresse soit adopté dans tous les pays ? « Un navire (1) est mis en détresse par quelqu'événement de mer autre qu'un abordage. Il est consumé par un incendie, il fait eau, il va sombrer. Un autre navire apparaît à l'horizon. Il peut au prix d'un court retard et de quelques efforts sauver

(1) Sainctelette, *Fragment d'une étude sur l'ass. mar.*, p. 14.

la vie à plusieurs personnes. Doit-il de droit lui être permis de ne pas le faire ? Est-il bon en semblable matière
de laisser pareille distance entre les mœurs et la loi ? »
En France, l'article 475,12° du Code pénal punit le refus
de prêter secours en cas d'accidents. Le motif de cette
disposition est qu'il y a urgence. Quand un navire est en
péril, le besoin immédiat de secours ne se fait-il pas
tout autant sentir ? Et si, sur terre, une disposition pénale est venue sanctionner le manquement à ce devoir,
est-il exagéré de réclamer une disposition analogue mais
plus sévère contre le navire qui le pouvant, sans danger
pour lui-même, aura refusé de secourir le bâtiment en
détresse ? A ce motif d'*urgence* qui se retrouve ici, on
peut ajouter un autre : le *défaut de tout autre secours
sur mer*. Au point de vue moral, il est hors de doute qu'il
y a lieu de prescrire l'assistance en mer même en dehors
de tout abordage. C'est en se plaçant à ce point de vue
humanitaire que le congrès d'Anvers a voté sans discussion (1) la résolution suivante : « Le capitaine qui rencontre un navire même étranger ou ennemi en danger
de se perdre, doit, s'il le peut, venir à son aide et lui
prêter toute assistance sous des pénalités à comminer
par la loi. » Les raisons ne manquent pas en faveur de
l'adoption de l'obligation générale d'assistance par toutes les législations. On peut ajouter que l'assistant au
point de vue pratique n'aura pas à se plaindre. Nous
avons admis en effet avec le congrès d'Anvers, que l'assistance en mer est rémunérée d'après la *loi de l'assistant*.
Celui-ci par suite n'aura pas l'excuse de prétendre qu'il

(1) *Actes du congrès d'Anvers*, p. 310.

est lésé par une loi étrangère puisque c'est sa loi nationale qui déterminera l'étendue de ses droits. Le congrès
de Bruxelles (art. 2, p. 410) a réglementé l'obligation
d'assistance à la suite d'un abordage, mais n'a pas parlé
de l'obligation générale d'assistance déjà consacrée au
congrès d'Anvers.

La loi est la seule cause de l'obligation d'assistance
du navire en détresse. « En cas de *collision*, dit M. Sainctelette (*op. cit.*, p. 14), la demande de secours a pour
cause un quasi-délit réel ou présumé et peut avoir pour
objet la réparation par provision de n'importe quelle
sorte de tort. En cas de *détresse*, il n'y a ni faute ni tort.
L'obligation ne saurait avoir d'autre cause prochaine et
directe que la loi ; il convient de la réduire à sa plus
stricte expression, et de ne lui donner d'autre sanction
légale que celle qui assure l'obéissance aux réquisitions
de l'autorité publique. C'est à une réquisition faite au
nom de l'État et en vertu d'une délégation, que refus
est fait d'obéir ; c'est de ce refus seul que l'on est responsable ».

3. *Doit-on en législation établir une présomption de
faute à l'encontre de celui qui refuse de prêter assistance
après un abordage ?* — Cette présomption est écrite dans
les lois de l'Angleterre et des États-Unis. Nous croyons
qu'il est indispensable de la créer dans les autres pays,
·et à ce propos, nous ne pouvons mieux faire que de reproduire les motifs invoqués par M. Sainctelette (1) dans
son étude sur l'assistance maritime. D'abord, dit-il, « il
est raisonnable de présumer la faute jusqu'à preuve con-

(1) Sainctelette, *loc. cit.*, p. 12.

traire. Quoiqu'on dise aujourd'hui de l'activité de la circulation maritime, le heurt de deux navires en haute
mer est de soi difficile à expliquer autrement que par
l'oubli des plus simples et plus faciles précautions. Le
règlement international de 1880 et ses annexes rendent
plus invraisemblable l'hypothèse d'une collision absolument fortuite. Il n'est pas excessif de considérer, en général, et sauf la preuve contraire, le choc comme causé
par quelque défaut de prévoyance ou de précaution. Ce
n'est pas davantage outrer la portée de la présomption
légale, de prêter à celui que l'on suppose en faute ces
sentiments bienveillants et généreux qui sont l'honneur
de l'humanité, d'exiger de lui qu'il fasse ce qui, n'était
la conscience de la négligence par lui commise, il ferait
en bien des cas de plein gré et de bon cœur. Mais, il y a
d'autres raisons : l'imminence d'un péril extrême et le
défaut absolu de tout autre secours. Sur mer, il n'y a
d'autre assistance possible que celle du plus proche voisin, rien n'est plus légitime assurément que de l'organiser ». Voilà pour quels motifs il serait utile d'établir la
présomption de faute pour refus d'assistance à la suite
d'un abordage. M. Mir dans son rapport à la Chambre
sur l'assistance obligatoire est un chaud partisan de
notre présomption. Il la repousse cependant de la loi de
1891 parce que cette loi est une loi pénale, mais il doit
en faire une proposition de loi particulière. Il est certain,
dit le rapporteur de la loi de 1891, que le capitaine qui
s'éloigne du lieu du sinistre sans décliner les noms de
son navire et des ports d'attache et de destination peut

(1) R. I. D. M., t. 6, p. 616 et 617.

à bon droit être soupçonné d'avoir une faute à se reprocher : s'il prend le large sans se faire connaître, on peut
supposer que ce n'est que pour échapper aux conséquences de ses actes et aux réparations matérielles du sinistre. La présomption de responsabilité est donc parfaitement fondée, et la loi anglaise comme celle des États-
Unis se trouve absolument justifiée.

Le congrès de Bruxelles de 1888 établissait cette présomption dans son projet. « Faute de se conformer,
était-il dit, à ces prescriptions, le capitaine sera jusqu'à
preuve contraire présumé avoir provoqué l'abordage
par fausse manœuvre, négligence ou défaut de soins ».
Cette disposition a malheureusement été modifiée sans
discussion sur la proposition d'un délégué espagnol et
remplacée ainsi qu'il suit : « Faute de se conformer à
ces prescriptions, le capitaine sera passible des pénalités
édictées par les lois de son pays (1) ».

4. *Les personnes doivent-elles contribuer à l'indemnité
de sauvetage et à la rémunération d'assistance ?* — On est
très opposé en France au principe de la contribution des
personnes. M. Sainctelette avait soumis à l'adoption du
congrès d'Anvers un projet d'après lequel les personnes
sauvées devraient contribuer au paiement de la rémunération d'assistance. Il ajoutait : « On suivra dans le cal-
cul de cette contribution les errements reçus en matière
de règlements d'honoraires. La part des indigents sera
supportée par un fonds d'État d'assistance maritime ».
Le congrès repoussa cette doctrine et adopta la con-
tre-proposition suivante : « Les personnes sauvées

(1) *Actes du Congrès de Bruxelles*, p. 256 et 257.

15

ne contribuent pas à l'indemnité de sauvetage et d'assistance ». On ne peut en effet évaluer la vie humaine par comparaison avec les autres objets contribuables. Prise en soi, la vie de l'homme est jusqu'à un certain point susceptible d'estimation. Les tribunaux en font assez fréquemment l'évaluation pour allouer des indemnités aux victimes d'accidents ou à leurs héritiers ; mais cette estimation n'est pas faite par comparaison avec d'autres objets contribuables. Combien vaut la vie de l'homme sauvé par rapport au navire et à la cargaison qui eux ont une valeur facilement évaluable ? S'attachera-t-on au chiffre de la fortune de chacun pour déterminer sa part contributive ? La part des indigents qui incombe à l'État sera-t-elle la même pour tous ? Tout cela est arbitraire.

Cependant, si étrange que cela paraisse, le Droit des Rhodiens (1) consacrait le principe de la contribution des personnes non pas en cas d'assistance, nous avons tout lieu de croire que l'assistance maritime était inconnue à Rhodes, mais en cas d'avaries communes. Les personnes sauvées contribuaient d'après une évaluation faite à l'avance et consacrée par la loi : une livre pour chaque passager et le patron, une demi-livre pour le pilote et le timonier et trois pièces de moindre monnaie pour chaque matelot. Il n'est donc pas extraordinaire que cette idée soit reprise de nos jours. Bien mieux, je reconnais volontiers qu'en droit pur, en équité, les personnes dont la vie a été préservée grâce à l'assistance sont redevables envers l'assistant au même titre que

(1) Pardessus, *Lois mar. antér. au* XVIIIe *siècle*, t. 1, p. 227.

les propriétaires dont les objets ont été sauvés. Mais combien vaut cette vie qui a été préservée par rapport au navire, à la cargaison qui, eux aussi, ont été sauvés ? Voilà la question.

Tant qu'on n'aura pas trouvé un procédé permettant d'évaluer exactement la vie d'un homme par rapport aux choses sauvées, il est plus sage de ne pas admettre la contribution.

Cependant, on devrait admettre la contribution des personnes s'il s'agissait d'une assistance fournie à un navire chargé d'émigrants. Les entreprises d'émigration sont des opérations commerciales d'un genre tout particulier. Il est certain, dans ce cas, que l'assistance sauve la vie à des personnes, et il est non moins sûr qu'une contribution est due. Mais ici, point n'est besoin d'estimer la vie humaine pour déterminer la part contributive de l'entrepreneur. Celui-ci devra contribuer au prorata de l'intérêt qu'il avait dans l'entreprise.

M. de Courcy (1) est partisan non pas de la contribution des personnes, mais d'une indemnité spéciale de sauvetage des personnes. « Je n'ai jamais ouï dire, dit-il, que la question ait été soulevée. Elle pourra l'être. Si l'on admet, c'est un droit sinon écrit du moins reconnu par toutes les nations maritimes et conforme à l'intérêt général de la navigation, qu'une récompense est due pour les secours donnés aux choses, je n'aperçois pas de raison de la repousser pour les secours apportés aux personnes et de dispenser le passager riche de rémunérer le plus signalé service qui puisse lui être

(1) Courcy, *loc. cit.*, t. 8, p. 40.

rendu ». On peut très bien être partisan de ce système tout en repoussant le principe de la contribution. Il y a là une indemnité spéciale et indépendante supposant, il est vrai, une évaluation de la vie de l'homme, mais une évaluation en quelque sorte isolée. Quoique très difficile, cela peut se faire et cela se fait tous les jours pour les allocations d'indemnités aux victimes d'accidents. C'est une indemnité de ce genre qui existe en Angleterre sous le nom de *Salvage for preservation of life*. Dans ce pays, les sauveteurs de personnes ont un droit et même un droit privilégié : ils doivent être payés « *in priority of all other claims of salvage*, mais ce ne sont pas les personnes sauvées qui sont redevables de cette indemnité. Le juge a bien à faire l'estimation de la vie des personnes sauvées pour en fixer le montant, mais cette évaluation n'est pas faite par comparaison aux autres objets contribuables. Le *Salvage for preservation of life* est un droit indépendant du droit de sauvetage de la propriété. Il est dû, non par les personnes sauvées, comme nous venons de le dire, mais par les propriétaires du navire et de la cargaison. Et si le navire a entièrement péri ou que sa valeur ne suffise pas à le payer, la totalité ou le surplus de ce qui reste dû est imputé à l'État sur les fonds de la marine marchande (1). On ne peut donc comparer le système anglais avec le système de la contribution des personnes dont la vie a été sauvée par la raison qu'en Angleterre, celles-ci ne contribuent pas.

(1) *Merchant-Schipping Act* de 1854, sect. 458.

Nous nous en tenons donc à la proposition que nous avons formulée tout à l'heure : les personnes dont la vie a été préservée grâce à l'assistance de tiers ne doivent aucune indemnité, car la vie humaine est difficilement évaluable en elle-même et qu'elle ne l'est pas du tout lorsqu'on la compare à des choses sauvées en vue d'établir une contribution entre elles.

POSITIONS

Positions prises dans la thèse.

DROIT ROMAIN.

I. — Le propriétaire des effets jetés n'était pas soumis à la contribution.

II. — Les marchandises sauvées figuraient dans la masse contribuable pour leur valeur au port de destination.

III. — La perte des barques sur lesquelles des marchandises avaient été chargées pour alléger le navire constituait une avarie commune.

IV. — Les chargeurs n'avaient pas d'action directe les uns contre les autres.

DROIT MARITIME.

I. — Le fret doit contribuer aux frais de sauvetage.

II. — L'assistant a droit à une rémunération même en cas d'assistance obligatoire.

III. — L'assistance en pleine mer doit être rémunérée d'après la loi de l'assistant.

IV. — En législation, le sauvetage doit être distingué de l'assistance.

Positions prises en dehors de la thèse.

DROIT ROMAIN.

I. — La femme ne pouvait renoncer au s. c. Velléien.

II. — La seule échéance du terme ne constituait pas le débiteur en demeure.

III. — Le *jussum judicis* était susceptible d'exécution forcée dans le dernier état de la procédure formulaire.

IV. — L'adrogé impubère qui avait été exhérédé par l'adrogeant *cum justa causa*, conservait son droit à la quarte Antonine.

DROIT CIVIL.

I. — L'obligation alimentaire subsiste après le divorce entre le conjoint et les parents de son conjoint divorcé, s'il existe des enfants issus du mariage.

II. — Le legs d'usufruit fait à plusieurs conjointement et sans assignation de part emporte accroissement.

III. — Le locataire, en cas d'incendie, peut s'exonérer de sa responsabilité envers le propriétaire en faisant une preuve autre que celle établie dans les alinéas 2 et 3 de l'article 1733, C. civ.

IV. — Avant la loi du 19 février 1889 les créanciers privilégiés ou hypothécaires n'avaient aucun droit sur les indemnités attribuées au propriétaire à l'occasion de l'immeuble grevé d'hypothèque ou de privilège.

DROIT CONSTITUTIONNEL.

I. — Le pouvoir judiciaire est un troisième pouvoir.

II. — L'Assemblée nationale n'est pas souveraine.

DROIT INTERNATIONAL.

III. — Les conventions internationales qui restreignent la durée du droit exclusif de traduction dérogent au décret du 28-31 mars 1852 qui ne peut être invoqué en France par les nationaux des États contractants.

DROIT MARITIME.

IV. — Le contrat de transport des passagers par mer est un contrat *sui generis*.

Vu :

Le Doyen,

COLMET DE SANTERRE.   Vu :

Le Président de la thèse,

Ch. LYON-CAEN.

Vu et permis d'imprimer :

Le Vice-Recteur de l'Académie de Paris,

GRÉARD.

TABLE DES MATIÈRES

—————

DROIT ROMAIN

DES AVARIES COMMUNES

DROIT FRANÇAIS

DU SAUVETAGE ET DE L'ASSISTANCE MARITIME

Imp. G. Saint-Aubin et Thevenot, St-Dizier. 30, passage Verdeau, Paris.

www.ingramcontent.com/pod-product-compliance
Lightning Source LLC
Chambersburg PA
CBHW030314220326
41519CB00068B/2447